AF491203

Mudança ou Morte

Barão de Campos

A todos os humanos que têm consciência de que é urgente salvar o planeta e os seres que nele habitam…Ontem já era tarde, melhor, há 30 anos já era tarde…Esse é o problema…

"A terra não nos pertence, nós pertencemos à Terra"

Chefe Seattle

"Somos a primeira espécie capaz de autoaniquilação"

Elon Musk

Apresentação

Estimado leitor, antes de mais importa explicar a razão deste livro e os conteúdos utilizados.

O planeta terra é a nossa única casa e de mais 7 biliões de pessoas cujas vidas em tudo se equivalem às nossas, significa que têm o mesmo valor que as nossas, os mesmos direitos e deveres, o direito aos cuidados básicos de saúde, alimentação e proteção. Este planeta é tanto deles como nosso.

Ao longo deste livro apresento textos retirados de organizações mundiais de prestígio e cuja informação é a mais fidedigna. Utilizo informação devidamente identificada nos seus direitos autorais, da AED, Agência Europeia para o desenvolvimento, ONU, OMS, entre outros sites de qualidade reconhecida.

Sabemos que cerca de metade da população está com todo o tipo de carências, sendo a palavra carência um eufemismo, neste momento, acontece no planeta o maior genocídio de todos os tempos, cada segundo, morrem 4 pessoas de fome. Morrem 2 milhões de pessoas por dia tendo como causa a fome. Consegue imaginar algo pior, enquanto o mundo dos países ditos desenvolvidos e mais ricos, desperdiçam alimentos, destroem-nos, enterram-nos como excedentes, para manter as regras do mercado a funcionar, de forma a permitir o equilíbrio entre oferta e procura. Orçamentos militares crescem, negócios da banca internacional, apropriação por multinacionais de todos os recursos naturais, incluindo a água e, imagine-se a transformação genética das sementes, obrigando os agricultores a comprar todos os anos as sementes, dado que as mesmas após o processo de germinação da planta, dão origem a sementes estéreis. A poluição dos oceanos e destruição dos rios, abate de floresta e a consequente matança de animais selvagens e os desequilíbrio que provocam incêndios de larga escala e fenómenos climáticos devastadores, aproximam-nos da morte deste planeta a curto prazo, sem que a elite capitalista e criminosa que lidera o processo esteja tão cega pelo poder e pela avareza que não entende no seu egoísmo criminoso que quando a terra morrer, eles também morrerão.

No mundo em que vivemos, uma elite de 5% controla e explora os outros 95%. A maioria do mundo vive debaixo de ditaduras, apesar dos processos viciados de eleições livres. Não vou enunciar todos os países do mundo, mas apenas algumas potências e outros países com domínio sobre o planeta que vivem em pseudodemocracias, porque a democracia plena e autêntica, não existe nem nunca existiu em nenhum país da terra. Começando pelos países mais populosos: A China é uma ditadura onde a violação dos direitos humanos é permanente. A china fez um casamento capitalista com os países mais desenvolvidos, fabrica a baixo preço todos os produtos que eles vendem nos seus mercados. Utiliza prisioneiros e escravos na produção dos mesmos. Além disso, o poderio económico e financeiro chinês é tal que adquiriu 2/3 da dívida pública dos EUA e 1/3 da dívida pública europeia, além disso adquiriu grandes empresas ligadas ao sector dos recursos energéticos e outras áreas chave. Não se esqueça que a China é um dos países que mais destrói a terra e uma ameaça nuclear permanente com as suas ogivas. Falemos agora da India, um país com um bilião de habitantes, uma falsa democracia onde o povo é dividido em três castas, a fome e a miséria, a exploração humana atinge níveis inimagináveis e, apesar de estar, tal como o Paquistão, ambos potências nucleares, sob controle norte americano. A India abastece a baixo custo os mercados ocidentais e, a nível tecnológico, dado o baixo custo dos serviços efetuado por profissionais formados no ocidente, faz a manutenção dos sistemas informáticos mais sensíveis de países tais como os EUA. Ainda como curiosidade, a India é o mais produtor mundial de medicamentos genéricos, cujas empresas têm capital estrangeiro.

Ainda na Euro-Asia temos a Rússia, controlada por uma oligarquia com ligações mundiais, onde o criminoso Putin domina. Esta falsa democracia, controla toda a região, fazem parte da sua estrutura de poder a Máfia. Uma potência nuclear com capacidade para destruir vários planetas Terra. Além do controle da região, a sua expansão para a Ucrânia numa dimensão total e a invasão de outros países que outrora compunham a antiga URSS, é uma ameaça real. Ainda na Asia, importa mencionar o Japão e Coreia do Sul, cujo controle absoluto pertence ao EUA e a Coreia do Norte, a ditadura apoiada pela China. Além de uma ditadura além do absurdo, sem a ajuda alimentar da China e de outros países, o povo norte coreano morreria de fome. Importa ainda referir que a Rússia mantém uma aliança firme, de forma a estar presente na rota energética do médio oriente, com o Irão e tenta manter a influência na Síria ou no que resta dela.

No médio oriente, com o Iraque, Líbia, Egipto, Afeganistão e outros países destruídos pelos EUA, Israel é uma potência na região, sendo o laboratório militar norte-americano. A opressão do povo palestiniano continua e os Israelitas outrora vítimas da segunda guerra mundial, são agora os carrascos do povo palestiniano. A Arábia Saudita, uma das ditaduras que ainda vive na idade média, recebe apoio militar dos EUA e é controlada por este, sendo o petróleo a sua fonte de riqueza. Impunemente, ataca e destrói o Iémen sem que sofra qualquer sanção internacional.

Entremos agora no país mais violento que habita este planeta: os EUA.

Excetuando o apoio dos EUA de forma decisiva no final da segunda guerra mundial e, entenda-se, um apoio que tinha como objetivo o controle da Europa e do Japão e Coreia do Sul, provavelmente, sem esta intervenção o nazismo teria triunfado. Os EUA na sua curta história, foi a Nação que mais guerras provocou na terra e que ainda continua a promove-las de várias formas. Não será necessário, começar pelo lançamento das bombas atómicas em Hiroshima e Nagasaki, passar à guerra do Vietname, Coreias e entrar na destruição de quase todos os países no médio oriente nos últimos 20 anos. Os EUA, agora com o seu Presidente fascista, caso não receasse represálias chinesas de natureza financeira, já teria começado várias guerras de consequências imprevisíveis. O acordo entre Trump e Putin, permite que o mundo viva no equilíbrio do terror nuclear. A ligação da Oligarquia Russa e Americana, no seu expoente máximo das suas estruturas mafiosas, são o garante, por agora, de suster a ameaça nuclear. Na América do Sul, um apontamento para a inexistência de países com soberania, dado que alguns são controlados pelo regime russo e outros estão nas mãos da máfia e dos grandes cartéis de droga. Um relevo especial para o Brasil, um país que para fugir à corrupção e sob influência dos líderes religiosos, gente altamente criminosa, acabou por eleger em eleições duvidosamente livres, um criminoso com perfil neonazi, cuja ignorância não tem limites e que dá pelo nome de Bolsonaro.

Entrando na Europa, os EUA controlam-na militarmente quer diretamente, quer através da NATO, além do controle financeiro e dos bloqueios permanentes na ONU. A Europa apenas detém identidade cultural, apesar do atraso civilizacional provocado neste continente pelo Vaticano e, consequentemente, a inconcebível e devastadora intervenção católica na vida dos povos.

África é o continente da fome onde um grupo de assassinos controlam o poder dos respetivos países, enriquecendo e colocando as fortunas a salvo no ocidente.

Esta introdução parece-me sucinta mas esclarecedora. Passemos agora aos factos que me levaram a escrever este livro "Mudança ou Morte".

Capítulo I

Crescimento demográfico

"Como descrevi no artigo, "Somos todos afrodescendentes" (21/09/2016), o Homo Sapiens surgiu na África e iniciou seu processo de migração para fora do continente por volta de 90 mil anos atrás. O número total de indivíduos da espécie permaneceu baixo (menos de um milhão de pessoas) até o início da revolução agrícola que ocorreu aproximadamente 10 mil anos atrás.

Mas com o crescimento da produção agrícola e o avanço das cidades, a população mundial, aproveitando a ampla disponibilidade de recursos naturais, chegou a 5 milhões de habitantes por volta do ano 8 mil anos atrás. No ano de nascimento de Cristo, ano 1 da era cristã, a população mundial era de 170 milhões. No ano 1000 a população mundial alcançou a cifra de 330 milhões. Por volta de 1350 a população chegou a 370 milhões e pela primeira vez teve uma queda devido à peste bubônica.

Na época das grandes navegações e do descobrimento do Brasil, a população mundial estava por volta de 450 milhões de pessoas, gastando cerca de 1500 anos para dobrar de tamanho. Por volta de 1800, com o início da Revolução Industrial e Energética, a população mundial chegou a 1 bilhão de habitantes. Ou seja, demorou 200 mil anos para a humanidade atingir o volume de mil milhões de pessoas.

A marca de 2 bilhões de habitantes foi atingida em 1927. Os 3 bilhões foi em 1960, 4 bilhões em 1974, 5 bilhões em 1987, 6 bilhões em 1999 e 7 bilhões em 2011. Assim, a humanidade tem adicionado 1 bilhão de habitantes a cada 12 ou 13 anos. A marca de 8 bilhões deve ser atingida em 2023 ou 2024.

O gráfico abaixo, com base nas projeções da Divisão de População da ONU, mostra que a população mundial em 2100 pode variar entre, aproximadamente, 7 bilhões e 17 bilhões de habitantes. Com estimativa média de 11 bilhões. Tudo depende, fundamentalmente, da taxa de fecundidade.

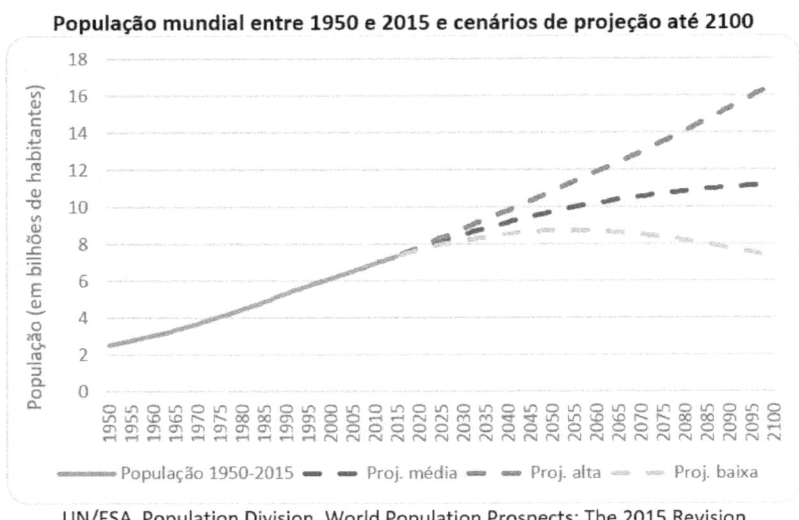

UN/ESA, Population Division. World Population Prospects: The 2015 Revision

A taxa de fecundidade total (TFT), no mundo, começou a cair a partir de 1960, passando de 5,02 filhos por mulher em 1960-65, para 2,53 filhos no quinquênio 2005-10. Ou seja, em 50 anos a TFT caiu pela metade. A queda média neste período foi de meio (1/2) filho por década. O destaque foram as décadas de 1960, 1970 e 1980 com uma queda conjunta de 2 filhos por mulher, pois a TFT mundial estava em 5,02 filhos no quinquênio 1960-65 e caiu para 3,04 filhos no quinquênio 1990-95. A maior redução aconteceu na década de 1970, com uma queda de 0,84 filhos, sendo que países como a China e o Brasil tiveram reduções expressivas.

Na década de 1990 a taxa de fecundidade continuou caindo, mas já apresentou uma desaceleração, pois a redução foi de 0,45 filho por mulher. Mas a quase estagnação aconteceu na primeira década do século XXI, com uma queda de somente 0,09 filho, pois a TFT estava em 2,59 filhos por mulher no quinquênio 2000-05 e caiu para 2,5 filhos por mulher no quinquênio 2010-15.

A projeção média da Divisão de População da ONU indica que a redução na fecundidade média da população mundial vai continuar desacelerando ao longo do século XXI. Ou seja, em 50 anos a TFT caiu 2,5 filhos por mulher, mas as projeções indicam que deve cair apenas meio (0,5) filho por mulher nos próximos 90 anos. No caso da hipótese média da ONU, que pressupõe a estabilização da TFT ao nível de reposição, o volume total de população mundial ficaria ao redor de 11 bilhões de habitantes em 2100. Se a TFT ficar meio (0,5) filho acima do nível de reposição a população mundial chegaria a quase 17 bilhões de habitantes em 2100. Mas se a TFT ficar meio (0,5) filho abaixo do nível de reposição a população mundial ficaria abaixo de 7 bilhões de habitantes em 2100."

(Textos e gráficos retirados da página tornada pública, a seguir mencionada)

http://wwhu.unisinosiw.br/78-noticias/566517-o-impressionante-crescimento-da-populacao-humana-atraves-da-historia

Capítulo II

"É preciso agir agora!" Temperatura média do planeta pode subir 3,2° C, alerta ONU

A temperatura do planeta pode subir 3,2 graus centígrados neste século se as metas das emissões globais de gases não se tornarem mais ambiciosas. Mesmo cumprindo a promessa do Acordo de Paris (2015), assinado por mais de 190 países, o objetivo de atingir 1,5° C ficaria aquém. A conclusão está expressa no Relatório sobre a Lacuna de Emissões de 2019, do Programa das Nações Unidas para o Meio Ambiente (PNUMA), divulgado nesta terça-feira, a uma semana da 25.ª Cimeira do Clima, em Madrid.

É preciso reduzir mais de cinco vezes a quantidade de emissões lançadas na atmosfera, sob pena de as ondas de calor e de as tempestades atingirem a Terra de forma irreversível. O conhecimento e a tecnologia para fazer face às alterações climáticas já existem e ainda há tempo, desde que se comece a trabalhar agora, defende o documento, mas é preciso calendarizar a mudança rapidamente e de forma concertada entre todas as nações. Este é o principal desafio lançado aos decisores políticos que, de 2 a 13 de dezembro, se reúnem em Madrid para começar as negociações com vista à revisão das metas do Acordo de Paris, que têm de estar concluídas na cimeira do clima de 2020, na cidade inglesa de Glasgow. É a última oportunidade para intensificar os compromissos climáticos e limitar o aumento da temperatura.

"Precisamos de vitórias rápidas para reduzir as emissões ao máximo possível em 2020, além de contribuições nacionalmente determinadas mais fortes para iniciar as principais transformações em economias e sociedades. Precisamos de compensar os anos em que procrastinámos", defende, em comunicado, Inger Andersen, a diretora executiva do PNUMA. "Se não fizermos isso, a meta de 1,5° C estará fora de alcance antes de 2030. Isto mostra que os países simplesmente não podem esperar até o final de 2020, quando precisaremos de novos compromissos climáticos, para intensificar as suas ações. Países e todas as cidades, regiões, empresas e indivíduos precisam de agir agora", sentencia.

"Estamos como que numa linha vertical a atingir níveis como nunca aconteceu nos últimos 800 mil anos", diz, ao DN, Francisco Ferreira, presidente da associação ambientalista Zero. "E a origem do dióxido de carbono está principalmente nas atividades humanas. O ponto de situação é mau, é revelador de não estarmos com a urgência necessária para o cumprimento do Acordo de Paris. À escala global, continuamos a aumentar emissões. Não estamos a inverter a tendência, pelo contrário, estamos a agravar. Em Portugal, no pós-crise, principalmente com a situação de seca de 2013, temos vindo a aumentar as emissões. Devemos começar a melhorar em 2019, porque estamos a usar muito menos carvão, mas os resultados não são bons."

(Fonte: Diário de Notícias, a seguir coloco o link)

https://www.dn.pt/vida-e-futuro/temperatura-media-do-planeta-pode-subir-32-c-alerta-onu-11550366.html

O nível dos oceanos

O nível dos oceanos subiu mais rapidamente ao longo do século XX do que nos três últimos milênios, devido às alterações climáticas, indica um estudo publicado na segunda-feira.

A reportagem foi publicada por Agência Lusa, 24-02-2016.

Entre 1900 e 2000, os oceanos e os mares do planeta subiram cerca de 14 centímetros, por causa do degelo, principalmente no Ártico, revelaram os autores de estudos publicados na revista científica norte-americana Proceedings of the National Academy of Sciences (PNAS).

Os climatólogos estimaram que, sem a elevação da temperatura do planeta observada desde o início da era industrial, a subida do nível dos oceanos teria correspondido a menos da metade observada nos últimos cem anos.

O século passado "foi excecional em comparação com os últimos três milênios e a elevação no nível dos oceanos acelerou nos últimos 20 anos", disse Robert Kopp, professor do departamento de Ciências da Terra da Universidade Rutgers, em Nova Jersey, Estados Unidos.

Segundo este estudo, feito a partir de uma nova abordagem estatística concebida pela Universidade de Harvard, em Massachusetts, nos Estados Unidos, o nível dos oceanos baixou cerca de oito centímetros entre o ano 1000 e 1400, período marcado por um arrefecimento planetário de 0,2 graus Celsius (°C).

Atualmente, a temperatura mundial média está um grau acima do que a do final do século 19.

Para determinar a evolução do nível dos oceanos durante os últimos três mil anos, os cientistas compilaram novos dados geológicos que indicam a elevação do nível das águas, como os pântanos e os recifes de corais, os sítios arqueológicos, além de dados referentes a marés em 60 pontos do globo nos últimos 300 anos.

Estas estimativas detalham a variação do nível dos oceanos durante os últimos 30 séculos, permitindo fazer projeções mais exatas, explicou Andrew Kemp, professor de Ciências Oceânicas e da Terra da Universidade Tufts, em Massachusetts.

Os investigadores também calculam que o nível dos oceanos pode aumentar "muito provavelmente" de 51 centímetros para 1,3 metro durante este século "caso o mundo continue a ser tão dependente de energias fósseis".

Em 12 de dezembro, 195 países aprovaram o acordo de Paris, que prevê conter a elevação das temperaturas em dois graus acima da era pré-industrial.

Se os compromissos conduzirem a uma eliminação gradual do uso carvão e dos hidrocarbonetos, o aumento do nível dos oceanos talvez não vá além de 24 a 60 centímetros, segundo o estudo.

"Estes novos dados sobre o nível dos oceanos confirmam uma vez mais como este período moderno de aquecimento não é habitual, porque se deve às nossas emissões de gases de efeito de estufa", sublinhou Stefan Rahmstorf, professor de Oceanografia no Instituto Potsdam de investigação sobre o impacto do clima, na Alemanha.

(Texto retirado da fonte, cujo link passo a indicar a seguir)

http://www.ihu.unisinos.br/78-noticias/551956-nivel-do-mar-subiu-mais-nos-ultimos-cem-anos-que-nos-tres-milenios-anteriores

Capítulo III

Desmatamento é 2ª maior causa das mudanças climáticas, revela FAO

As florestas são aliadas do homem no combate às mudanças climáticas, absorvendo por ano cerca de 2 bilhões de toneladas de CO2. Mas quando são desmatadas, as coberturas vegetais do planeta se transformam em motores do aquecimento global. Aproximadamente 20% das emissões de gases do efeito estufa são causadas pelo desmatamento. Em relatório divulgado neste mês (6), a Organização das Nações Unidas para a Alimentação e Agricultura (FAO) identifica um aumento na destruição das superfícies verdes do planeta.

As florestas são aliadas do homem no combate às mudanças climáticas, absorvendo por ano cerca de 2 bilhões de toneladas de CO2. Mas quando são desmatadas, as coberturas vegetais do planeta se transformam em motores do aquecimento global. Aproximadamente 20% das emissões de gases do efeito estufa são causadas pelo desmatamento. Em relatório divulgado neste mês (6), a Organização das Nações Unidas para a Alimentação e Agricultura (FAO) identifica um aumento na destruição das superfícies verdes do planeta.

De 1990 e 2015, a área da Terra coberta por florestas caiu de 31,6% para 30,6%. A agência da ONU aponta que o desmatamento é a segunda maior causa das mudanças climáticas, ficando atrás apenas da queima de combustíveis fósseis. As emissões geradas pela destruição da cobertura vegetal são maiores que as de todo o setor de transporte.

O levantamento da FAO revela ainda que a interrupção ou redução do desmatamento em zonas tropicais responderia por até 30% da capacidade de mitigar as mudanças climáticas.

Um obstáculo à proteção das florestas é o consumo de carvão vegetal. Nas regiões em que a demanda é alta, a produção exerce pressão sobre os recursos florestais e contribui para a degradação dos ecossistemas, especialmente quando o acesso às florestas não está regulamentado. Segundo o estudo da FAO, a população que depende de lenha varia de 63% na África a 38% na Ásia e 16% na América Latina.

Os continentes africano e sul-americano também estão na contramão do uso sustentável das superfícies verdes. Nos últimos 25 anos, cresceram no mundo as florestas manejadas para a conservação dos solos e das águas, mas essa expansão não foi verificada na África nem na América do Sul. Os territórios utilizados de maneira responsável representam hoje 25% de toda a cobertura vegetal do planeta. Nos países sul-americanos, o índice cai para apenas 9%.

Pobreza e meio ambiente

De acordo com a FAO, florestas são fonte de 20% da renda de famílias rurais em países em desenvolvimento. O relatório do organismo internacional alerta para uma estreita relação entre cobertura florestal e altas taxas de pobreza — no Brasil, por exemplo, pouco mais de 70% das áreas de florestas fechadas (densas, com grande cobertura de copa) apresentavam índices elevados de miséria.

A publicação mostra ainda que, na América Latina, 8 milhões de pessoas sobrevivem com menos de 1,25 dólares por dia nas regiões de florestas tropicais, savanas e seus arredores. Mundialmente, mais de 250 milhões de indivíduos vivem abaixo da linha da pobreza extrema nessas áreas: 63% estão na África, 34% na Ásia e 3% na América Latina.

Apesar da pequena participação da América Latina no total global, a FAO destaca que, nas zonas rurais latino-americanas, 82% das pessoas vivendo abaixo da linha da pobreza estão em florestas tropicais, savanas e seus arredores. Essas regiões de mata são o lar de 85 milhões de pessoas na região.

Parque da Tijuca é exemplo de conservação

Destaque no relatório da FAO, o Parque Nacional da Tijuca, no Rio de Janeiro, tem uma superfície de 4 mil hectares e foi declarado Patrimônio da Humanidade pela UNESCO em 2012.

A pesquisa da agência da ONU lembra que, para enfrentar a proliferação de espécies exóticas e a expansão urbana, a área foi reflorestada com árvores nativas. O governo também criou espaços recreativos para envolver a comunidade local e aumentar a conscientização sobre a proteção das florestas urbanas.

Desde 1999, o parque é administrado conjuntamente pela Prefeitura do Rio e pelo Ministério do Meio Ambiente. Atualmente, o local recebe 2,5 milhões de visitantes por ano e é um exemplo de restauração da Mata Atlântica. A reserva transformou-se num santuário para diversas espécies endêmicas.

Empresas florestais comunitárias na Guatemala

Na Guatemala, 70% das terras florestais estão sob algum tipo de proteção. Com concessões do governo, empresas comunitárias gerenciam mais de 420 mil hectares dentro da Reserva da Biosfera Maia. Em apenas um ano, de 2006 a 2007, as companhias obtiveram receitas de 4,75 milhões de dólares pela venda de madeira certificada. Outros 150 mil dólares vieram do comércio de produtos florestais não-madeireiros.

As cooperativas geraram mais de 10 mil empregos diretos e outros 60 mil indiretos. As instituições também pagavam aos trabalhadores mais que o dobro do salário normal, segundo dados coletados pela FAO.

Costa Rica: florestas e turismo

A Costa Rica é um dos principais destinos de turismo ecológico do mundo: em 2016, 2,9 milhões de turistas estrangeiros visitaram o país e 66% deles afirmaram que o ecoturismo era um dos principais motivos da viagem.

Os visitantes gastaram em média 1.309 dólares por pessoa, trazendo uma renda para o país de 2,5 bilhões de dólares. Isso equivale a 4,4% do Produto Interno Bruto (PIB) do país. Uma parte do montante pode ser atribuída ao ecoturismo. Em

2015, apenas as áreas de conservação florestal receberam aproximadamente 1 milhão de estrangeiros e outros 900 mil turistas nacionais.

Acesse o relatório da FAO "Estado das Florestas no Mundo" na íntegra clicando aqui (em inglês).

(Texto retirado da informação pública das Nações Unidas, a seguir coloco o link)

https://nacoesunidas.org/desmatamento-e-2a-maior-causa-das-mudancas-climaticas-revela-fao/

Capítulo IV

A fome, o maior genocídio não é uma fatalidade, os países ricos decidiram-no.
A cada 4 segundos, morre 1 pessoa De fome.

Mesmo com o mundo produzindo alimento suficiente para toda a população do planeta, a cada 4 segundos uma pessoa morre de fome. O Fundo das Nações Unidas para a Infância (UNICEF) lançou um alerta: 1,4 milhão de crianças correm o risco de morrer de fome em quatro países: Iêmen, Nigéria, Somália e Sudão do Sul. O último declarou oficialmente que é atingido por um "surto de fome".

O diretor-executivo da agência da ONU declarou que o "tempo está acabando" para essas crianças. Anthony Lake disse ser possível salvar essas vidas, mas para isso é preciso ação rápida.

Lake espera que a tragédia da fome que afetou o Chifre da África em 2011 não se repita. No Sudão do Sul, por exemplo, são 270 mil crianças com desnutrição severa. Milhões de adultos sul-sudaneses não têm o suficiente para comer. Em fevereiro, a ONU declarou 'Estado de fome' no país.

A situação no Sudão do Sul já vem preocupando há algum tempo. 5 milhões de pessoas estão na situação de insegurança alimentar severa, o último passo antes de chegar à situação de fome aberta, no qual as pessoas começam a morrer de fome diariamente. 2% da população está morrendo de fome.

Na Somália, o problema é a seca, esta tão grave que quase metade da população não tem comida suficiente. Um total de 6,2 milhões de pessoas. A desnutrição severa deve afetar 270 mil crianças nos próximos meses. Outro país em conflito, o Iêmen, viu o total de crianças nesta condição subir 200% desde 2014: atualmente, 462 mil menores iemenitas estão desnutridos.

Neste ano, a ONU trabalha para fornecer tratamento para 940 mil crianças com desnutrição grave no Sudão do Sul, na Somália, na Nigéria e no Iêmen.

(Texto retirado do "Observatório do 3º. Setor", cujo link passo a indicar, salvaguardando os direitos de autor)

https://observatorio3setor.org.br/

Capítulo V

Alterações Climáticas

Oceanos, ciclo da água...

A Europa é afetada pelas alterações climáticas e os impactos não são apenas sentidos em terra. As massas de água da Europa, lagos, rios, oceanos e mares que rodeiam o continente são também afetadas. Como há mais água do que solo a cobrir a superfície da Terra, não é de admirar que o aquecimento dos oceanos tenha sido responsável por cerca de 93 % do aquecimento do planeta desde a <u>década de 1950</u>. Este aquecimento está a acontecer em resultado do aumento das emissões de gases com efeito de estufa, sobretudo do dióxido de carbono, que, por sua vez, tem retido cada vez mais energia solar na atmosfera. A maior parte deste calor retido acaba por ser armazenado nos oceanos, afetando a temperatura e a circulação da água. O aumento das temperaturas está também a derreter as calotas polares. À medida que a área total da superfície coberta de gelo e de neve a nível mundial diminui, reflete menos energia solar para o espaço, aumentando ainda mais o aquecimento do planeta. Esta situação, por sua vez, resulta na entrada de mais água doce nos oceanos, alterando ainda mais as correntes.

A temperatura da superfície do mar ao largo da costa da Europa está a aumentar mais rapidamente do que a dos <u>oceanos globais</u>. A temperatura da água é um dos mais fortes reguladores da vida marinha e o seu aumento está já a provocar grandes alterações na água mais profunda, incluindo mudanças significativas na distribuição das espécies marinhas, de acordo com o relatório da AEA (<u>Climate change, impacts and vulnerability in Europe 2016</u>). Por exemplo, o bacalhau, a sarda e o arenque no mar do Norte estão a migrar das suas zonas históricas para norte, para águas mais frias, seguindo a sua fonte de alimentação — os copépodes. Estas alterações, incluindo a migração de peixes com interesse comercial, podem ter um impacto evidente nos setores económicos e nas comunidades que dependem da pesca. A subida da temperatura da água pode também aumentar o risco de <u>doenças transmitidas pela água</u>, como por exemplo, a infeção por vibriões na região do mar Báltico.

Do grau de salinidade à acidificação, estão previstas mais alterações

As alterações climáticas afetam também outros aspetos da água do mar. Notícias recentes sobre o aumento dramático do <u>branqueamento dos recifes de corais</u>, devido sobretudo a temperaturas mais elevadas nos oceanos Pacífico e Índico, chamaram a atenção para os efeitos que as «ondas de calor oceânicas» têm nos ecossistemas marinhos locais. Mesmo uma pequena alteração em qualquer aspeto fundamental, como a temperatura da água, a salinidade ou o teor de oxigénio, pode ter efeitos negativos nestes ecossistemas sensíveis.

Por exemplo, a vida marinha no mar Báltico — um mar semifechado — está estreitamente ligada à <u>salinidade e aos níveis de oxigénio</u> locais. Mais de 1 000 espécies marinhas vivem no Kattegatt, com salinidade e níveis de oxigénio relativamente elevados, mas este número diminui para apenas 50 espécies nas partes setentrionais do golfo de Bótnia e no golfo da Finlândia, onde as espécies de água doce começam a predominar. Muitas projeções climáticas sugerem que o aumento da precipitação na região do mar Báltico poderia conduzir a uma <u>diminuição da salinidade da água</u> em certas partes do mar Báltico, afetando os locais onde as diferentes espécies podem viver.

Um aumento das temperaturas da água devido às alterações climáticas no mar Báltico também está a contribuir para uma nova expansão das «zonas mortas» pobres em oxigénio, que são inabitáveis para a <u>vida marinha</u>. O mar Mediterrâneo deverá registar um aumento da temperatura e também da salinidade, desencadeado por uma maior evaporação e por uma menor precipitação.

Estima-se que os oceanos — o maior sumidouro de carbono do nosso planeta — tenham absorvido cerca de 40 % de todo o dióxido de carbono emitido pelos seres humanos desde a Revolução Industrial. Um <u>estudo publicado na revista Nature</u> concluiu que as alterações nos padrões de circulação oceânica estão a afetar a quantidade de dióxido de carbono que os oceanos conseguem absorver. Qualquer redução da capacidade dos oceanos para captar dióxido de carbono da atmosfera é suscetível de aumentar a sua concentração global na atmosfera e, por conseguinte, de contribuir para as alterações climáticas.

A acidificação — processo através do qual mais dióxido de carbono é absorvido pelo oceano e mais ácido carbónico é produzido — constitui igualmente uma ameaça crescente. Os mexilhões, os corais e as ostras, que criam as suas conchas a partir do carbonato de cálcio, têm mais dificuldade em construir as suas conchas ou materiais esqueléticos, à medida que o pH da água do mar diminui, o que os torna mais frágeis e vulneráveis. A acidificação pode também afetar a fotossíntese das plantas aquáticas.

A Europa não está imune. As águas que circundam a Europa deverão registar <u>uma maior acidificação</u> ao longo dos próximos anos. As reduções observadas nos níveis de pH da água são quase idênticas em todos os oceanos do globo e em todos os mares europeus. As reduções de pH nos mares setentrionais da Europa, no mar da Noruega e no mar da Gronelândia são efetivamente superiores à média global.

Um argumento de Hollywood que poderá tornar-se realidade?

As condições meteorológicas invulgares e extremas são muitas vezes assunto de grandes notícias e sucessos de bilheteira. Por isso, a combinação da água e das alterações climáticas proporciona uma fórmula perfeita para os realizadores de cinema. O filme de ficção científica O Dia Depois de Amanhã, de 2004, que mostrava o norte da Europa e a América do Norte a entrar numa nova era glaciar, na sequência do encerramento da corrente do Golfo do oceano Atlântico, mostrou os perigos das alterações climáticas ao público do cinema. <u>Novos trabalhos de</u>

<u>investigação</u> sugerem que, embora tais extremos cataclísmicos sejam improváveis, as alterações climáticas estão efetivamente a ter impacto na corrente do Golfo e noutras correntes que fazem parte de um complexo sistema de circulação no oceano Atlântico, oficialmente conhecida como a circulação termoalina meridional do Atlântico (ou AMOC). Outros estudos recentes revelam que a circulação atlântica está mais fraca há, pelo menos, 1 600 anos, e sugere um enfraquecimento ou abrandamento da corrente.

A circulação atlântica funciona como uma correia transportadora, movimentando água quente do golfo do México e da costa da Flórida até ao Atlântico Norte e à Europa. A norte, a corrente de água quente é arrefecida, tornando-se mais densa e desce até profundidades mais baixas, trazendo água mais fria quando regressa ao sul. A corrente funciona como um termóstato, levando calor à Europa Ocidental.

Segundo os estudos, o enfraquecimento da circulação do Atlântico conduziu ao arrefecimento das temperaturas da superfície do mar em zonas do Atlântico Norte. Tal deve-se, provavelmente, ao aumento da fusão do gelo de água doce do Ártico e da Gronelândia e ao impacto que a fusão de água doce está a ter em zonas daquilo que é conhecido como <u>giro subpolar do Atlântico Norte</u> — um componente essencial da circulação do Atlântico. As correntes dos oceanos são afetadas pelo modo como os fluxos de água se deslocam através de diferentes profundidades, onde descem, a que velocidade e profundidade descem antes de passarem para as camadas superiores, etc.

Aumento de inundações, secas e outros fenómenos meteorológicos extremos

Tem sido dada muita atenção ao que parece ser um aumento dos fenómenos meteorológicos extremos em toda a Europa. Atendendo ao «vórtice polar» ou «besta de Leste» do inverno de 2017-2018, que trouxe do Ártico ventos invulgarmente frios até muitas zonas da Europa, ou à onda de calor «Lúcifer» do verão de 2017, os europeus podem esperar mais episódios invulgares de temperaturas extremas no futuro.

Um elemento fundamental das alterações climáticas é o impacto no ciclo hidrológico da Terra, que distribui continuamente água dos nossos oceanos para a atmosfera, para a terra, para os rios e lagos, e novamente para os nossos mares e oceanos. As alterações climáticas aumentam os níveis de vapor de água na atmosfera e estão a tornar a disponibilidade de água menos previsível. Esta situação pode conduzir a chuvas torrenciais em algumas zonas, ao passo que noutras regiões podem enfrentar condições de seca mais graves, especialmente durante os meses de verão.

Segundo o relatório da AEA sobre o impacto das alterações climáticas na Europa e a sua vulnerabilidade às mesmas (Climate change, impacts and vulnerability in Europe), muitas regiões da Europa já enfrentam inundações e condições de seca mais extremas. Os glaciares estão a derreter; a cobertura de neve e gelo está a diminuir. Os padrões de precipitação estão a mudar, tornando em geral as regiões húmidas da Europa mais húmidas e as regiões secas mais secas. Ao mesmo tempo, os episódios extremos relacionados com o clima, como as ondas de calor, as chuvas intensas e as secas, estão a aumentar em termos de frequência e intensidade.

Já se verificam mais ondas de calor no sul e no sudeste da Europa, regiões que se prevê venham a ser um centro nevrálgico das alterações climáticas. Para além dos seus impactos na saúde humana, o calor extremo conduz a taxas de evaporação mais elevadas, reduzindo, muitas vezes, os recursos hídricos em zonas onde já se regista escassez de água. No verão de 2017, a «onda de calor Lúcifer» registou temperaturas elevadas superiores a 40 °C nas regiões do sul da Europa, desde a península Ibérica até aos Balcãs e à Turquia. O calor extremo resultou num grande número de vítimas, bem como condições de seca, que danificaram as culturas e deram origem a muitos incêndios florestais. Vários incêndios fatais atingiram Portugal na sequência de uma onda de calor anterior, que, em conjunto com as condições de seca que se faziam sentir, tornaram as florestas mais vulneráveis aos incêndios.

As alterações climáticas também aumentaram a temperatura média da água dos rios e lagos e reduziram os períodos de duração das estações de gelo. Estas alterações, juntamente com o aumento dos caudais dos rios no inverno e a sua redução no verão, têm um impacto importante na qualidade da água e nos ecossistemas de água doce. Algumas das alterações desencadeadas pelas alterações climáticas agravam outras pressões sobre os habitats aquáticos, incluindo a poluição. Por exemplo, um menor caudal fluvial, devido à diminuição das chuvas, resulta numa concentração mais elevada de poluentes, uma vez que há menor diluição da poluição.

Planeamento e adaptação

A mitigação das alterações climáticas — redução das emissões de gases com efeito de estufa — está no cerne das políticas da UE em matéria de alterações climáticas. No entanto, as experiências e as previsões de mais inundações, secas, subida do nível do mar e outros fenómenos meteorológicos extremos estão a fazer com que cada vez mais entidades públicas em toda a UE tomem medidas com vista à adaptação às novas realidades climáticas. A utilização mais eficaz da água e menos desperdício são elementos essenciais destas estratégias de adaptação. Os países europeus têm em vigor <u>estratégias e planos de adaptação</u> e realizaram avaliações de vulnerabilidade e dos risco, que os ajudará a lidar com os impactos das alterações climáticas.

Existe legislação específica da UE que apoia essas avaliações. A <u>Diretiva «Inundações» da UE</u>, em particular, exige que os Estados-Membros identifiquem as zonas de risco de inundações das suas águas interiores e das zonas costeiras, tendo em conta os riscos previstos das alterações climáticas, e que tomem medidas para reduzir esses riscos.

Os projetos de construção — conhecidos, do ponto de vista técnico, como «adaptação cinzenta» devido à generalização do uso do betão — dominaram as ações de adaptação. Vejamos, a título de exemplo, a icónica cidade de Veneza, conhecida não só pelo seu património cultural, mas também pelas suas inundações regulares. Prevê-se que a subida dos níveis do mar ligada às alterações climáticas cause inundações ainda mais frequentes nesta cidade. Foi por este motivo que Veneza deu início a um projeto ambicioso, de vários milhares de milhões de euros, para construir barreiras subaquáticas, que podem ser levantadas em caso de marés extremamente altas. No entanto, é pouco provável que o projeto evite a ocorrência das inundações regulares que atingem pontos baixos, como a praça de São Marcos.

Os Países Baixos também dependem, há séculos, da criação de diques e barreiras costeiras para manter a água afastada. No entanto, após tomarem consciência das deficiências das estruturas fabricadas, as autoridades holandesas estão agora a optar por uma combinação de estruturas e formas naturais de contenção dos riscos de inundações. Em face dos orçamentos cada vez mais reduzidos que as autoridades têm ao seu dispor e da probabilidade de aumento dos impactos das alterações climáticas, cada vez mais as cidades, regiões e países estão a optar por soluções mais ecológicas e baseadas na natureza, para dar uma resposta mais sustentável às alterações climáticas. Por exemplo, de forma semelhante ao que se verifica com os parques e as florestas, as «zonas azuis», como os rios e os lagos, podem ter um efeito de arrefecimento e proporcionar algum alívio contra as ondas de calor, especialmente nas cidades, que tendem a ser ainda mais quentes do que as zonas circundantes, devido à sua densa acumulação de betão. As zonas azuis e verdes nas cidades poderiam igualmente captar e armazenar algumas das águas em excesso durante chuvas fortes, contribuindo assim para a redução dos danos das inundações.

Centenas de cidades, regiões e países inteiros estão atualmente a tomar medidas para se adaptarem e mitigarem as alterações climáticas e estão a <u>coordenar ações</u> a nível mundial, com vista à partilha das melhores práticas. Um número crescente recorre a técnicas inovadoras para minimizar os danos causados pelas inundações ou pela seca, simultaneamente acrescentando valor ao ambiente e à qualidade de vida das populações locais. Estas técnicas incluem a construção de telhados «verdes» cobertos por vegetação em Hamburgo e Basileia, e mais zonas verdes em Roterdão, que podem servir como forma de captar a água das inundações, mas também proporcionar arrefecimento e isolamento térmico.

Algumas medidas de adaptação visam a gestão eficiente da água em determinados setores de utilização intensiva de água, como a agricultura. Por exemplo, num esforço para atenuar os impactos das secas, <u>uma exploração agrícola na região do Alentejo</u>, no sul de Portugal, implementou uma série de técnicas de agricultura sustentável. Estas incluem a agrossilvicultura, uma técnica de gestão do uso do solo que utiliza árvores e arbustos, em combinação com a diversificação das culturas, para melhorar a produtividade do solo e a sua capacidade de resistir a condições de seca. A irrigação gota a gota para reduzir o consumo de água, e a exploração de terras de pastagem arborizadas para o pasto de raças de animais autóctones são também utilizadas.

A melhor solução consiste em reconhecer os impactos futuros e em preparar-se para eles em tempo útil. Felizmente, existe um manancial de medidas e abordagens inovadoras, já testadas e aplicadas em toda a Europa. Estes conhecimentos, acessíveis através do portal da UE dedicado à adaptação, <u>Climate-ADAPT</u>, podem ser uma fonte de inspiração para outros que enfrentam desafios semelhantes.

(Informação retirada dos conteúdos públicos a seguir indicados)
https://www.eea.europa.eu/pt/sinais-da-aea/sinais-2018/artigos/alteracoes-climaticas-e-agua-2014-1

Capítulo VI

ESGOTAMENTO DOS RECURSOS NATURAIS

O mundo está em crise. O uso excessivo dos recursos do planeta pelos humanos está levando a Terra a uma situação de risco nunca vivenciada antes. Pela primeira vez na história, uma espécie pode ser responsável por uma extinção em massa.

Por Alessandro Greco e Denise Barros

A Organização Mundial do Comércio (OMC) afirma em seu relatório World Trade Report – Natural Resources que recursos naturais são "estoques de materiais existentes em ambiente natural que são escassos e economicamente úteis". Ou seja, se forem usados de forma excessiva (e estão sendo) terminarão e teremos (já temos um) problema dos grandes.

Nesses recursos naturais não estão incluídos apenas petróleo, gás natural ou carvão. Alimentos também fazem parte dele assim como a água potável, o bem mais necessário à continuidade da vida de boa parte dos animais, homens principalmente. O responsável por tudo isso é nossa espécie. A situação é tão grave que, em março, cientistas liderados por Anthony Barnorsky, da Universidade de Berkeley, na Califórnia, Estados Unidos, publicaram um estudo mostrando que estamos caminhando a passos largos na direção da sexta extinção em massa, uma situação na qual 75% das espécies do planeta simplesmente deixarão de existir.

Nos últimos 540 milhões de anos, esse fenômeno ocorreu apenas cinco vezes. A última extinção em massa, 65 milhões de anos atrás, dizimou, entre outros, os dinossauros, e foi fruto da queda de um asteroide na Terra (leia mais na pág. 48). Na avaliação dos pesquisadores, o extermínio pode ocorrer em um período que varia de 22 mil a 600 mil anos, um tempo ínfimo do ponto de visto geológico. O curioso, para não dizer trágico, é que o homem provavelmente sobreviveria à hecatombe, segundo os pesquisadores, apesar de ser ele o causador da desgraça devido ao uso excessivo dos recursos naturais do planeta. Veja nas próximas páginas oito recursos que estão a perigo.

ÁGUA

O abastecimento de água doce do planeta está ameaçado e, em consequência, nossa sobrevivência também. Quem alerta é a Organização das Nações Unidas (ONU). Mais de 1 bilhão de pessoas (18% da população mundial) não têm acesso a uma quantidade mínima de água para consumo. Agora, se mantivermos nosso padrão de consumo e de devastação do meio ambiente, o quadro irá se agravar muito rapidamente. Em 2025, dois terços da população do planeta

(5,5 bilhões de pessoas) poderão ter dificuldades de acesso à água potável. Em 2050, o número pode chegar a 75% da humanidade.

ALIMENTOS

Estimativas da FAO, braço da ONU para a agricultura e a alimentação, mostram que para alimentar a população humana em 2050 – até lá seremos 9,1 bilhões de terráqueos – a quantidade de alimentos produzidos no planeta deve aumentar em 70%. É um número e tanto. Porém, segundo a FAO, será possível alcançar essa meta. As dificuldades são muitas, entre elas o aquecimento global, que prejudica a produção agrícola de muitos países (vide o caso da Rússia na pág. 40). Em tempo: dados também da FAO mostram que atualmente um em cada seis habitantes do planeta passa fome, quase 1 bilhão de pessoas.

PETRÓLEO

O ouro negro vai acabar um dia. Não sabemos ainda quando, mas a Agência Internacional de Energia publicou em seu relatório anual World Energy Outlook, de 2010, que a produção de petróleo deve atingir seu pico por volta de 2035. Depois disso será ladeira abaixo. Ninguém sabe ainda com qual velocidade, mas que vai acontecer, vai. Ou seja: um dia, o mundo terá de viver sem petróleo, o que talvez não seja uma má ideia. O problema: a matriz energética planetária ainda é pesadamente dependente de combustíveis fósseis.

TERRAS-RARAS

Um grupo de 17 elementos químicos, todos eles metais, pode fazer um grande estrago se começar a faltar. E a possibilidade de isso acontecer é grande. Conhecidos como terras raras, são usados em boa parte dos equipamentos eletrônicos e 95% da produção mundial está na mão da

China – o Brasil participa com 0,5%. Ano passado, os EUA anunciaram que têm 13 milhões de toneladas cúbicas em seu território. Quanto de terra rara os EUA produziram em 2010? Zero. Este ano, a China deixou de exportá-las por um tempo para o Japão por razões políticas.

CARVÃO

Entre os combustíveis fósseis, o carvão é o que tem reservas espalhadas pelo maior número de países. Atualmente, mais de 100 têm em seu solo reservas comprovadas. As maiores estão nos Estados Unidos, Rússia, China, Índia e Austrália. Mas, como todo combustível não renovável, o carvão um dia também terá fim. Nesse caso, há até mesmo uma data estipulada: daqui a exatos 119 anos, se o consumo continuar na velocidade atual, segundo a World Coal Association. É o mesmo problema do petróleo: nossa matriz energética ainda depende maciçamente de combustíveis fósseis.

COBRE

O cobre é um dos metais mais utilizados pelo homem e deu início à Idade dos Metais. Está presente em cabos elétricos, equipamentos eletrônicos, joias, entre outros. Ao contrário de outros materiais não renováveis, o cobre é reciclável. O aumento de seu uso nos últimos anos, porém, tem sido estrondoso e chegará a um patamar em que a capacidade humana de extraí-lo do solo será menor que a demanda por ele. O cientista Tom Graedel, da Universidade de Yale, nos Estados Unidos, e colegas calcularam que isso irá acontecer em 2100. O que acontecerá então? A verdade é que ninguém sabe.

GÁS NATURAL

Utilizado em indústrias e por automóveis, o gás natural é mais um combustível fóssil e portanto vai, um dia, terminar. A previsão é que isso ocorra antes do carvão, daqui a 45,7 anos, segundo dados da BP Statistical World Review 2010, apesar de o uso de gás natural ter caído 2,1% em 2009 (os dados de 2010 ainda não foram publicados). É importante lembrar que o estudo da BP leva em conta apenas as reservas de gás natural confirmadas e com possibilidade futura de uso – o que alivia, mas não resolve a questão.

HÁFNIO

Até 2007, ninguém dava muita bola para o metal háfnio, a não ser os fabricantes de varetas de combustível nuclear que o usam em sua composição e os de aços super-resistentes, pelo mesmo motivo. Naquele ano, a Intel anunciou que passaria a utilizar o material na fabricação de microprocessadores. Desde então, o mundo se pergunta até quando haverá háfnio. Não há atualmente sequer uma resposta para o tamanho da produção de háfnio no mundo. Ou seja: o homem criou uma necessidade mas não sabe como supri-la.

(Conteúdo retirado de um artigo da Super Interessante, cujo link passo a indicar)

https://super.abril.com.br/ciencia/esgotamento-dos-recursos-naturais/

Capítulo VII
Controle financeiro mundial

Não é teoria da conspiração, são fatos: <u>uma análise das relações entre cerca de 43.000 empresas multinacionais feita pelo Instituto Federal de Tecnologia da Suíça</u> concluiu que 174 empresas (na maioria bancos) têm um poder desproporcional em relação ao resto do mundo. Esses 174 empreendimentos são considerados "super-entidades" que controlam 40% da economia mundial. Isso não quer dizer necessariamente concentração de dinheiro e sim de poder (empresas que têm ações de outras empresas ou que as administram). Elas estão tão conectadas entre si, de forma tão intrínseca, que, se uma se desestabiliza, afeta todas as outras em cadeia.

Também ficou alarmado? Então, já pode se juntar ao movimento Occupy Wall Street (ou Occupy São Paulo, Occupy Rio de Janeiro, enfim: Occupy o mundo todo) para tentar mudar essa governança do 1% de poderosos sobre os 99% de "outras pessoas". Ou simplesmente entender porque este movimento virou assunto fácil nas redes sociais nas últimas semanas.

Conheça aqui as 10 maiores donas do mundo e saiba quem controla de verdade a nossa economia.

10. Merrill Lynch & Co Inc – EUA

É um banco de Investimentos estadunidense que hoje faz parte do Bank Of America. É a maior corretora de ações do mundo.

9. UBS AG – Suíça

Empresa suíça de serviços financeiros. Atua como banco privado e banco de investimentos e é o segundo maior

gestor de riquezas particulares do mundo (ou seja: eles cuidam da grana dos bilionários do planeta).
8. Vanguard Group Inc – EUA

Uma das maiores companhias de fundos de investimentos do mundo. Ela oferece recursos financeiros imediatos para investidores particulares ou para empresas e administra aproximadamente 1,6 triliões de dólares. Triliões.

7. Legal & General Group PLC – Reino Unido

Companhia de seguros, pensões e investimentos, com operações no Reino Unido, Holanda, França, Alemanha, EUA, Egito, Índia e Emirados Árabes.

6. JP Morgan Chase & Co – EUA

Uma das maiores instituições bancárias dos EUA, é uma holding (sociedade gestora de participações sociais), ou seja: ela administra conglomerados empresariais. É considerada pela revista Forbes a maior empresa do mundo.

5. State Street Corporation – EUA

Também é uma holding. Administra duas instituições financeiras: o banco State Street Bank and Trust Company e a consultoria de investimento State Street Global Advisors.

4. AXA – França

Empresa que atua tanto como seguradora quanto como administradora de investimentos. É a nona maior multinacional do mundo, segundo a Fortune Global 500.

3. FMR Corporation – EUA

A Fidelity Investments é (adivinha?) uma instituição financeira que atua como administradora de fundos familiares (gente rica!) e fundos mútuos (empresas que reúnem dinheiro de vários investidores para investir).

2. Capital Group Companies Inc – EUA

Agrupamento de várias empresas de administração de investimentos. Alguns dos "pequenos" membros do grupo: Bayer (companhia química e farmacêutica alemã), Volkswagen (fabricante alemã de carros), Telekom Austria Group (provedor austríaco de internet e telefonia fixa e celular) e BYD (fabricante chinesa de carros e baterias recarregáveis).

1. Barclays PLC – Reino Unido

BARCLAYS CAPITAL

Instituição de serviços financeiros com operações em mais de 50 países espalhados por todo o mundo e mais de 48 milhões de clientes. Se envolveu em diversos episódios controversos, como o apartheid na África do Sul e o financiamento do governo do presidente Robert Mugabe, no poder no Zimbabwe desde 1980, além de ter sofrido acusações de lavagem de dinheiro.

(Nota: Este artigo já se encontra desatualizado, no entanto, evidencia uma realidade em que atualmente a situação é muito mais gritante, o controle passou a ser global, algumas destas empresas ou grupos mudaram de nome e logotipo e integraram-se em grupos maiores e espalharam os tentáculos a todo o planeta.)

Informação retirada da Superinteressante, conforme link que indico a seguir:

https://super.abril.com.br/blog/superlistas/as-10-empresas-que-controlam-o-mundo/

Capítulo VIII

Ameaça nuclear

"De acordo com um levantamento realizado pelo Instituto Internacional de Pesquisa para a Paz de Estocolmo (Sipri), nove países possuem armas nucleares. Estima-se que existam 14.465 ogivas espalhadas pelo mundo. Rússia e Estados Unidos possuem cerca de 92% dessas armas, mas enquanto eles estão diminuindo o volume de seus arsenais, China, Índia, Paquistão e Coreia do Norte estão gradualmente aumentando a produção. Confira, abaixo, informações sobre os programas nucleares destes países com base em dados do Sipri e da ONG Nuclear Threat Iniciative.

Armas nucleares no mundo
Estimativa em janeiro de 2018

Fonte: Sipri (Stockholm International Peace Research Institute) Mais infográficos

Rússia
Número estimado de armas: 6.850
Número estimado de ogivas implantadas: 1.600
Ano do primeiro teste nuclear: 1949
O colapso da União Soviética, em 1991, deixou a Rússia com um amplo arsenal de armas nucleares. Em janeiro de 2018, o país mantinha aproximadamente 4.350 ogivas nucleares. Cerca de 2.520 delas são armas estratégicas (implantadas em mísseis intercontinentais e em bases de bombardeiros pesados). A Rússia também tem cerca 1830 ogivas nucleares

não-estratégicas (táticas), de pequeno poder explosivo, e estima-se que 2.500 ogivas nucleares tenham sido aposentadas ou estão aguardando desmantelamento.

A Rússia é signatária do TNP e também obedece ao New START, um acordo bilateral com os Estados Unidos para redução de armas nucleares, o qual deve expirar em janeiro de 2021. Sob esses pactos, a Rússia diminuiu significativamente o seu arsenal nuclear desde o fim da Guerra Fria, que chegou a ser de 40 mil ogivas.

Estados Unidos
Número estimado de armas: 6.450
Número estimado de ogivas implantadas: 1.750
Ano do primeiro teste nuclear: 1945
Os Estados Unidos se tornaram a primeira potência nuclear do mundo em 1945 e continuam sendo o único país que utilizou armas nucleares em combate. Em janeiro de 2018 mantinham um estoque militar de aproximadamente 3.800 ogivas nucleares - quase 200 ogivas a menos do que no início de 2017, segundo o Sipri. Esta redução deve-se, em parte, à implementação contínua do New Start, firmado com a Rússia em 2010. Além disso, cerca de 2050 ogivas estavam armazenadas e cerca de 2650 aguardavam desmantelamento.

Os EUA colocaram em curso um programa de modernização nuclear em larga escala, visando substituir ou atualizar os sistemas nucleares terrestres, marítimos e aéreos; os sistemas de comando e controle do Departamento de Defesa dos EUA; e as ogivas nucleares e sua infraestrutura de apoio na Administração Nacional de Segurança Nuclear do Departamento de Energia. O custo estimado desta modernização é de US$ 400 bilhões para o período de 2017 a 2026."

Nota: Fonte: texto retirado da "Gazeta do Povo", cujo link passo a indicar.

https://www.gazetadopovo.com.br/mundo/no-mundo-9-paises-possuem-armas-nucleares-saiba-quais-e-o-tamanho-do-arsenal-de-cada-um-deles/

Capítulo IX

A situação em Portugal
Quem somos e como vivemos

Somos cerca 11 milhões de pessoas, não chegamos a tanto, vivemos numa ditadura fascista até 24 de abril de 1974, foi feita a chamada revolução dos cravos, seguiram-se várias tentativas de golpes de estado levadas a cabo pela extrema direita e uma ou outra ação descoordenada de uma linda de extrema esquerda, a qual nunca representou uma real preocupação. Portugal colocou fim ao regime fascista, mas não liquidou, não prendeu e não alterou nada de essencial da estrutura de poder fascista e, 46 anos depois o país mantem as mesmas famílias no poder económico, financeiro e direta ou indiretamente, no político. Neste país, a Banca e os criminosos de colarinho branco que a governam, controlam o país e estão impunes. Quando os crimes são julgados ou aguardam julgamento em liberdade, mediante o pagamento de uma caução; quando surge uma condenação, o criminoso é premiado com uma pulseira eletrónica e continua a sua vida nas suas grandes mansões, na maioria dos casos os processos prescrevem ou algo ainda mais grave acontece...
O tecido empresarial português na sua maioria corresponde a pequenas empresas que desde sempre se aprimoraram na exploração e estes novos ricos vão enriquecendo entre falências fraudulentas nunca punidas judicialmente e outras estratégias, tais como dívidas astronómicas à Banca e ao

Estado que, ou são perdoadas ou nunca serão pagas, dado que em Portugal ninguém é preso por divida, no entanto, se um português de classe baixa ou média contrair dividas comuns, tais como não pagamento de energia, telemóvel, compras do dia a dia, não será preso, mas vai passar a vida nos tribunais e acaba por ver os seus bens hipotecados ou penhorados, sendo declarado insolvente e, se teve a infelicidade de passar um cheque, mesmo que seja de baixo montante, sem provisão, garantidamente, vai ser julgado e preso. Criminosos ricos, pagam elevados montantes de caução e ficam em liberdade eterna. Durante o período que aguardam julgamento em liberdade, montam esquemas e destroem provas ou fazem desaparecer testemunhas.

Voltemos ao nosso povo... destes 11 milhões, mais de 3 milhões vivem na miséria com pensões na ordem dos 200 €, sendo que, para quem não conhece a nossa realidade e custo de vida, este dinheiro não chega para medicamentos, renda de casa, água e luz... Desta forma, é fácil de perceber como sobrevivem...

Em Portugal temos um SNS, serviço nacional de saúde que deveria ser a nossa joia, no entanto, funciona muito mal, a lista de espera para uma consulta de especialidade pode demorar anos, operações têm lista de espera de anos, sim, está bem escrito, anos. Os médicos raramente trabalham em exclusividade nos hospitais públicos, preferindo trabalhar ao mesmo tempo nos privados, onde mudam a sua personalidade...Péssimos no serviço público, excelentes no privado. É óbvio que, em tudo, existem exceções.

Mais de 3 milhões de portugueses ganha o ordenado mínimo nacional que ronda os 600 euros e constitui uma garantia de pobreza. A jornada de trabalho é exploratória. Trabalham-se 8 horas legais diárias, mas na realidade, o encerramento nestas prisões empresariais tem um período médio de 9 horas ou mais.

Como exemplo do sub-humano e deste capitalismo selvagem, onde a burla e a exploração são palavras de ordem, existem legalmente, empresas de trabalho temporário, cujo patrão coloca os seus escravos nas grandes empresas em regime de subcontratação, recebendo destas, a título exemplificativo, cerca de 1300 €, como valor médio, por cada escravo e pagando ao mesmo cerca de 600 €, ou seja, o ordenado mínimo nacional. O ministério do trabalho e emprego, em particular os centros de emprego, possuem relações estreitas com estas empresas, pactuam com este estado de coisas e com este regime de exploração. O trabalhador desempregado não tem direitos, podem utilizá-lo como entenderem sob ameaça de que, se não aceitar, ser-lhe-á retirado o subsídio.

A classe média portuguesa é constituída por professores, funcionários públicos no geral, empregados de grandes grupos económicos, médicos, enfermeiros, profissionais liberais e pequenos comerciantes.

Portugal tem cerca de 500.000 indivíduos ricos e que controlam a economia, finanças, sociedade e cultura portuguesa.

Além das seitas religiosas que se instalaram no nosso país, a igreja católica domina, sendo um forte motivo do atraso de um povo e suporte do sistema neofascista instalado. A igreja é corrupta, são inúmeros os casos de pedofilia e a casa mãe, o Vaticano, é um dos Bancos mais poderosos do planeta, destinando as suas verbas à prática do mal, alheando-se da catástrofe humanitária da fome. O poder eclesiástico, nomeadamente o papa, apenas faz discursos, mas nada faz de concreto em defesa destas vidas. Evidentemente, apesar de ser ateu convicto, respeito todas as religiões e as pessoas que acreditam, desde que sejam fundamentalistas. Apesar de tudo, a nossa pseudodemocracia, não é compatível com qualquer tipo de fundamentalismo.

Capítulo X

As estruturas políticas Parlamento, Presidente e Autarquias

Portugal é havido como uma democracia. Tal, não passa de uma denominação enganosa...os ricos são cada vez mais ricos e os pobres cada dia mais pobres. Os lares públicos para os nossos velhos, são miseráveis, lugares de tortura e maus tratos. Os lares privados ou com regimes mistos, onde participa a Santa Casa da Misericórdia ou outra entidade de utilidade pública, são caros e antros de corrupção, normalmente ligados a poderes autárquicos e de alguma forma controlados por estes. Os lares privados mais básicos, cobram mais de 1000 euros por cada idoso. Os lares públicos da segurança social, são uma realidade tão indigna, na sua generalidade, dos quais nem pretendo falar. Os lares clandestinos são muitos e aí, preços e condições de funcionamento, resultam do conluio entre aqueles que querem ganhar dinheiro a qualquer preço e a cumplicidade dos familiares dos idosos depositados nesses lugares.

Como o país trata as crianças? Da pior forma, creches e infantários públicos ou com regime misto, assentam nos mesmos princípios dos lares de idosos. Os privados são caríssimos. Os subsídios e outros valores pagos pelo nascimento de uma criança, bem como o chamado abono de família, pago mensalmente por cada criança, nem merece referência, dado ser tão baixo e ridículo. A escola pública ainda é gratuita, por agora, no entanto, não faltará muito tempo para a situação mudar.

Vamos falar da classe política no poder e dos respetivos partidos políticos.

Temos eleições teoricamente livres, onde a abstenção é superior à votação, isto é, não existe legitimidade política dos eleitos. Fazem parte do chamado arco do poder, o denominado Partido Socialista, o Partido Social Democrata, o Bloco de Esquerda, o Partido Comunista, o Cds, o Partido Os verdes, o Pan e agora, resultado das últimas eleições, o Livre e um partido fascista neonazi denominado Chega. As denominações pouco têm a ver com os conteúdos programáticos. O Partido Socialista sustenta o Capitalismo e promove a corrupção, o Partido Social Democrata representa os velhos interesses dos detentores do capital, o Bloco de esquerda tem medidas e conteúdos programáticos democráticos, mas não tem deputados suficientes para mudar seja o que for; o Partido Comunista, agora mais liberto das ideias soviéticas, luta pelos direitos dos trabalhadores, mas vive disso, os seus caciques estão instalados há décadas. O Cds está ligado ao pior do pior, é um partido fascista que representa a igreja católica no seu pior. Os novos partidos, Pan e livre, não representam nada e os verdes também não mostram o seu trabalho. O Chega é um partido de cariz fascista, racista e neonazi que, não deveria estar legalizado.

Os Deputados e as suas mordomias, são um escândalo nacional. Da esquerda à direita, vivem como se tivessem um direito divino a sustentá-los, têm ordenados astronómicos e ajudas de custo que são superiores ao vencimento; normalmente inventam uma morada o mais longe possível de Lisboa, para cobrar diariamente ajudas de custo com a deslocação e estadia; têm sido detetadas inúmeras situações. Evidentemente, que não serão muitos, mas um já seria demais. No entanto, isto é havido como normal, não são punidos e utilizam a sua imunidade parlamentar para tudo. O refeitório destes Eleitos, só é comparável aos melhores restaurantes de luxo. Esta gente vive como se Portugal fosse um país rico e os portugueses vivessem bem.

A mesa da Assembleia da Republica é um lugar de prestígio e o Presidente da Assembleia da Republica pode ser, em determinadas circunstâncias considerado a primeira figura do estado. Esta mesa, neste momento é composta por cidadãos cujos qualificativos e históricos, prefiro nem especular... Uma espécie de dinossauros que, nos últimos 46 anos, de uma forma ou de outra, sempre estiveram no poder.

O governo português vive de esquemas e mordomias; os seus membros vivem saltando do poder para grandes empresas com ligações nada transparentes; no conjunto de ministros e secretários de estado e tudo o que se liga a esta estrutura, representa um custo económico e financeiro inimaginável para um país com a dimensão e recursos de Portugal. Esta corja, alimenta-se do povo, como vampiros.

A nível europeu, Portugal não tem qualquer poder, sendo controlado pelos países que dominam a estrutura e, a nível mundial, pelo FMI.

Parlamentares europeus e líderes, diz-se, em nada conferem dignidade ao exercício do mandato. A União Europeia, parece hoje mais um exercício mental de ficção do que uma realidade que contribua para o desenvolvimento e igualdade.

O poder autárquico em Portugal estende os seus tentáculos a tudo e é o maior sorvedouro de dinheiros públicos, onde a corrupção, de acordo com a comunicação social, é uma forma de vida, através da sua presença em Associações com ligações a empresas de suspeita comprovada em vários processos que terminam sempre arquivados. Não sei se será mesmo assim, mas consta, a comunicação social divulga muitos casos suspeitos. Sou um cidadão comum, não tenho provas de nada, para mim, até prova em contrário, toda a gente é honesta. Afinal, ninguém é condenado e preso, deduzo que é tudo gente boa...A comunicação social tem dessas coisas, quer audiências, deve ser isso...

O Presidente da República portuguesa é, neste momento, um homem idóneo e íntegro. No entanto, em Portugal, o poder do Presidente da República, na prática, não é muito diferente do poder da rainha de Inglaterra.

Capítulo XI

O sistema judicial português

...Carta aberta ao sistema judicial português e em particular aos juízes portugueses. Existirão, como em tudo, muitos juízes dignos e outros que nem tanto, dizem os jornais e canais de televisão...

A constituição portuguesa e a legislação portuguesa na generalidade, constituí um edifício que revela teoricamente um Estado de Direito Democrático, apesar de, exceções graves, em matéria de direito penal, onde o dinheiro, através da prestação de caução, substituiu a pena de prisão, em determinados contextos, por prestação de caução, ou seja, dinheiro. Quem não tem poder financeiro, não tem esse direito. Tal legislação é discriminatória e nega a democracia num dos seus valores essenciais: o princípio da igualdade.

No entanto, esta carta aberta aos juízes portugueses, incide sobre a forma como alguns continuam a exercer o poder de ser juiz, abusando do poder e da autoridade.

Em 25 de Abril de Abril de 1974, aconteceu uma revolução em Portugal, para libertar o país do fascismo. Seria de esperar que após alguns anos as novas gerações de juízes formados no Portugal dito democrático agissem como tal. Infelizmente, muito juízes, hoje, em 2020, agem exatamente como agiram os seus precedentes fascistas. A própria postura da classe, ultrapassando o ritual que envolve estar num tribunal, onde esses homens e mulheres, vestidos com trajes ridículos, assumem uma postura de alguém que detém um poder superior com contornos divinos e tratam os cidadãos com desprezo e de forma ofensiva...Este comportamento seria normal na velha guarda, naturalmente fascista, mas quando vemos os mesmos comportamentos em juízes jovens, formados em democracia, a situação afigura-se grave e intolerável.

Aqueles homens e mulheres fardados, como se a farda transmutasse tudo, julgam-se detentores de verdades imutáveis e decidem a vida dos seus iguais, como deuses que castigam, exceção feita a arguidos poderosos que, entram neste teatro de fantoches, cientes de que estão imunes à justiça.

Seria um passo de gigante, se o sistema judicial fosse coerente e respeitasse a Constituição da República Portuguesa, deixando de ser um lugar onde se faz todos os dias uma viagem no tempo, na direção do fascismo ou, se preferirem neofascismo português.

Ressalva honrosa para os juízes que são dignos da função atribuída e sentem-se preocupados com a decisão tomada, e quantas vezes, não conseguem dormir com a consciência tranquila, porque receiam ter cometido uma injustiça.

Quando olho para aqueles juízes que exibem condecorações na lapela e se dirigem aos utilizadores dos tribunais com aquele ar aristocrático superior, confesso, conheço bem os tribunais portugueses... lamento que os agentes da justiça, nomeadamente, advogados, sejam tão temerários e subservientes a esta estrutura neofascista ridícula, que já deveria ter mudado há muito, mas insiste em permanecer, como se ser juiz tenha, por pressuposto, para ser respeitado, que ter essa postura...

...Que vergonha senhores juízes...como sóis ridículos...

...Para os juízes que honram a democracia, os meus parabéns, porque a vossa tarefa deve ser difícil numa organização que lembra, no mais absurdo, rituais de uma maçonaria, corporativista, fascista e havida como tendo que ser assim.

Capítulo XII

A Ecologia em Portugal

Portugal, ao longo dos anos, tem sido fustigado por incêndios de proporções espaciais, refiro especiais, porque a dimensão é tal que, são vistos do espaço, nomeadamente da estação orbital. A maioria destes fogos, supostamente, dado que é debatido e faz a abertura dos telejornais, tem natureza criminosa e gira em torno de grandes negócios, entre eles, madeireiros, empresas de venda de equipamento e material de combate a incêndios e, na primeira linha, empresas detentoras de meios aéreos que, são pagas para apagar os incêndios, consta, dizem televisões e jornais que, tal envolvimento passou por circuitos financeiros de alguns Bancos, cuja situação foi muito falada há alguns anos. Incêndios de dimensão dantesca, destruíram grande parte das grandes florestas e outras áreas verdes portuguesas. Em consequência desses incêndios, morreram ao longo dos anos cerca de duas centenas de pessoas, foram destruídas habitações e morreram milhares de animais domésticos e um número incalculável de animais selvagens. As consequências, na natureza, são devastadoras, todo o equilíbrio ecológico se perdeu. A reflorestação, apesar de um ou outro ato mais relevante, nunca foi levada muito a sério pelos vários governantes.

Um problema de dimensão muito grave, que afeta o país, é a situação de seca e a redução dos caudais dos rios, os quais, dependem do governo espanhol que, decide diminuí-los, apesar dos acordos existentes.

Um outro problema é a construção de grandes barragens, sem o objetivo de resolver o problema da água, mas com o objetivo de celebrar grandes contratos com empresas que, assumem a empreitada e que têm supostas ligações com o poder.

No domínio de utilização da energia, Portugal fez avanços importantes e neste momento, mais de 70% da energia utilizada, provém de fontes renováveis.

Na verdade, Portugal não tem cultura ecológica nem respeito pela natureza. As empresas poluem os rios e libertam todo o tipo de substâncias poluentes pelas suas chaminés, sem qualquer consequência ou punição.

Para acrescentar, importa realçar dois assuntos que revelam muito da cultura de um povo ou de uma parte significativa dele. Existe em Portugal mais de um milhão de caçadores registados, os quais possuem armas, formando uma espécie de exército e, muitas vezes utilizam-nas no crime. Além disso e apesar da escassez, o governo todos os anos abre oficialmente a temporada de caça. Entre os vários animais, apesar de tentativas e petições, ainda se matam todas as raposas que ficarem ao alcance. Apesar de parecer fora do contexto, não esqueçamos que, este é o país das touradas, sendo o negócio da tauromaquia algo escandaloso, com apoios diretos e indiretos do estado e das autarquias locais.

Capítulo XIII
A Pandemia

Nesta data em que escrevo este livro, existem 13 milhões de infetados com Covid-19 e cerca de 600 mil mortos, no mundo.

Como surgiu a pandemia, será sempre uma pergunta sem resposta, parecendo que a teoria chinesa do reservatório ser um animal selvagem, parece pouco credível. Na cidade epicentro da pandemia, existe um laboratório chinês, onde se guardam muitos tipos de vírus. Parece mais lógico, um acidente neste laboratório e deixarem escapar um ou mais vírus.

No entanto, não podemos especular nem criar uma teoria da conspiração, no entanto, um dia, tudo se saberá.

A consequência da pandemia, no plano económico e financeiro, levou ao encerramento de muitas empresas, com o consequente desemprego gerado e, em muitos casos, uma forma de desemprego suspenso, trata-se da Lay-Off. Pode ser vista como trabalho suspenso ou desemprego. Contudo, numa economia que visa o lucro, com o sistema capitalista selvagem, nada nem ninguém se compadece com a manutenção do emprego. Quando o fazem, defendem os seus interesses e nada mais. O casamento entre os países de capitalismo selvagem do ocidente e o capitalismo atípico chinês, vive tempos de amargura. As fábricas na China tiveram que parar durante muito tempo e, as consequências foram imediatas no resto do mundo. Empresas cotadas, viram as suas ações caírem a pique nas principais praças mundiais. Com as fábricas paradas e os transportes de pessoas e mercadorias a níveis nunca vistos, nomeadamente o transporte aéreo, o consumo de combustível, nomeadamente petróleo, caiu brutalmente, fazendo, em parte, funcionar as leis de mercado. Assim sendo, os preços do barril baixaram, a oferta é muito maior que a procura e, depois de esgotar o mercado florescente do armazenamento, não é possível continuar a produzir as mesmas quantidades, tendo a nível global, diminuído a produção.

Sem turismo, com os níveis de contaminação no vermelho, a maior parte dos países decretou o Estado de Emergência, sendo que muito países renovaram a decisão. De facto, a nível mundial, a vida parou. Neste momento, apesar de uma maior acalmia, principalmente na Europa, nos outros continentes, a situação nunca foi pior. Nos meados deste mês de julho, ainda não se vislumbram soluções e a pandemia está longe de estar controlada. Sabe-se que o vírus também se transmite pelo ar, vive durante algum tempo em superfícies e, tem contágio direto humano a humano, através da boca, nariz, olhos, etc. O vírus tem várias mutações, umas mais agressivas que outras e, nunca se sabe, que mutação poderá ocorrer e colocar em causa a solução de uma vacina eficaz. Quem foi infetado com este vírus, não fica imune ao mesmo, podendo ser infetado várias vezes. Neste momento, os laboratórios farmacêuticos apostam forte na produção de uma vacina e de um medicamento retroviral. No entanto, o processo de testes e a distribuição planetária, além de muito cara, exige muito tempo e a humanidade, neste momento, não pode esperar.

Hoje, os cientistas, sabem muito mais acerca do vírus, sabendo-se que além do trato respiratório, o vírus ataca outros órgãos, lesionando-os temporária ou definitivamente, estando provado que, em muitos casos, causa lesões cerebrais que podem ser muito graves e permanentes.

No decurso desta pandemia, morreram muitos profissionais de saúde, alguns ainda muito jovens, longe da faixa etária fatal. Apesar de bem protegidos e do conhecimento do vírus, bastou um momento, uma pequena Acão ou omissão e foram contaminados.

Neste momento, quase todos os países inventaram uma "normalidade", voltando a abrir serviços, comércio, fábricas, restaurantes, etc. Apesar de algumas restrições e tornando obrigatório o uso de uma máscara, é sobejamente sabido que o risco de contaminação é muito alto. Todavia, os estados, designadamente os seus sistemas de segurança social, não suportava mais esforço financeiro. Deste modo, a "normalidade" passou a ser: o sistema económico e financeiro no geral não aguenta mais pressão, o estado não tem mais capacidade para pagar a empregadores e empregados para continuarem com a atividade suspensa, aguardando o controle ou fim da pandemia. Todos os países, no geral, têm quebras no PIB insustentáveis, chegando a cifras de 8% e 9%. Perante um cenário de rutura, adotaram o princípio de assumir o risco de morte e arriscar tudo. De uma forma simplista: quem morrer, morreu...Não há outra solução. Não há medicamento eficaz, a vacina demorará e, provavelmente, terá eficácia reduzida...Não se pode esperar...

Capítulo XIV
As organizações internacionais e a Pandemia

ONU alerta para impactos da pandemia na segurança alimentar

A pandemia da Covid-19 representa uma ameaça à segurança alimentar e nutricional, especialmente para as comunidades mais vulneráveis do mundo. As Nações Unidas alertam que as medidas de mitigação e a recessão global emergente podem perturbar o funcionamento dos sistemas alimentares com consequências que podem ter um impacto devastador em algumas regiões do planeta.

Apesar de haver alimentos mais do que suficientes no mundo para alimentar a nossa população de 7,8 mil milhões de pessoas, há, hoje, mais de 820 milhões de pessoas que passam fome e cerca de 144 milhões de crianças com menos de 5 anos que são raquíticas – mais do que uma em cada 5 crianças em todo o mundo.

Num <u>documento político</u> sobre este tema, publicado esta terça-feira, a **ONU** alerta que muitos viviam já uma crise alimentar ainda antes da pandemia, sendo que a Covid-19 surgiu numa altura em que os nossos sistemas alimentares já estavam "sob tensão devido a conflitos, desastres naturais, mudanças climáticas e ameaças sem precedentes de pragas."

E se, para já, as quantidades da maioria dos alimentos básicos são adequadas, os elevados níveis de desemprego, a perda de rendimento e o aumento dos preços também estão a dificultar o acesso a alimentos a muita gente.

Atendendo à atual situação, a ONU sublinha que é necessário que se aja agora para salvar vidas e meios de subsistência, dando especial atenção aos locais onde o risco é maior.

Por outro lado, as Nações Unidas enfatizam que é necessário "investir no futuro", corrigindo as falhas dos nossos sistemas alimentares que a pandemia tornou tão óbvias, lembrando que "o mundo precisa de sistemas alimentares mais sustentáveis, resilientes e inclusivos."

Neste contexto, o secretário-geral da ONU emite uma série de recomendações para travar a insegurança alimentar e garantir que os sistemas de produção se tornam mais sustentáveis e resilientes. Guterres sublinha que "a menos que sejam tomadas medidas imediatas, é cada vez mais claro que existe uma emergência alimentar global iminente que pode ter impactos a longo prazo em centenas de milhões de crianças e adultos. Precisamos agir agora para evitar os piores impactos dos nossos esforços para controlar a pandemia."

Para o líder da ONU, é necessário, em primeiro lugar, salvar vidas e meios de subsistência, concentrando a atenção nos locais onde o risco é mais agudo. Para tal, os países devem classificar os serviços de alimentação e de nutrição como essenciais, implementando proteções apropriadas para os trabalhadores, assegurar que a assistência humanitária essencial de alimentos, meios de subsistência e nutrição continua a ser prestada a grupos vulneráveis e manter as rotas comerciais abertas, garantindo a continuidade das cadeias de abastecimento agrícolas.

Uma outra prioridade deve passar pelo reforço dos sistemas de proteção social para garantir que melhorem o acesso aos alimentos e a nutrição das pessoas, principalmente a crianças pequenas, mulheres grávidas e que amamentam, idosos e outros grupos de risco, a expansão dos sistemas de proteção social para beneficiar grupos de risco de desnutrição e apoiar as 352 milhões de crianças que se estima terem deixado de ter acesso às refeições escolares.

Por último, é necessário investir no futuro e transformar os nossos sistemas alimentares para construir um mundo mais inclusivo e sustentável. Embora os nossos sistemas alimentares produzam alimentos suficientes para todos, todos os anos centenas de milhões de pessoas não têm acesso a alimentos suficientes.

Para o secretário-geral da ONU, "se tudo isto for feito, como indicado pelo Documento Político que estamos a lançar hoje, podemos evitar alguns dos piores impactos da pandemia da Covid-19 na segurança alimentar e na nutrição – e podemos fazê-lo de maneira a apoiar a transição verde que necessitamos fazer."

Os efeitos da pandemia deve ser travados, numa altura em que se estima que o número de pessoas que poderão ser empurradas para a pobreza extrema, em 2020, poderá chegar a cerca de 49 milhões de pessoas, com cerca de metade desse aumento a ter lugar nos países da África Subsaariana.

(Texto público, retirado do site da O.N.U, cujo link, indico)

https://unric.org/pt/onu-alerta-para-impactos-da-pandemia-na-seguranca-alimentar/

Água, fonte de vida...

A água é o líquido mais precioso que existe na terra, todos os seres vivos deveriam ter acesso livre e gratuito a este bem que a natureza nos oferece como condição essencial da nossa existência. A seguir, transcrevo um artigo da O.N.U, sobre a água. No entanto, tudo o que se fala sobre a água está viciado, porque, muitas empresas apoderaram-se deste recurso e passaram a cobrar muito dinheiro pela água potável. Trata-se de um roubo, uma apropriação de um bem que é pertença da humanidade, mas, o sistema capitalista, na ânsia desmedida do lucro e do poder, apodera-se de todos os recursos vitais da natureza. Ninguém parece ter a coragem de o afirmar, mas estas pessoas e empresas, são, na minha perspetiva humana, moral e ética: ASSASSINOS QUE COMETEM OS SEUS CRIMES AO ABRIGO DE LEIS PERMISSIVAS E EM CONLUIO COM GOVERNOS NEO-LIBERAIS. É PRECISO TER A CORAGEM DE EXIGIR E REVERTER ESTE PROCESSO.

Não estou a abordar este assunto de forma demagógica ou utópica, mas de forma natural.

Os povos têm a força de mudar tudo, apesar do poder deter as armas e os filhos do povo, agora armados e preparados para matar os seus irmãos. É isto que são os soldados, pessoas doutrinadas para, se for necessário, matar os seus irmãos.

O que a O.N.U., nos tem a dizer Sobre a ÁGUA...

A água está no centro do desenvolvimento sustentável e diz respeito à promessa central do Objetivo 6 da Agenda 2030 para o Desenvolvimento, que defende o acesso universal e equitativo à água potável e ao saneamento até 2030. A água é fundamental para o desenvolvimento socioeconómico, para a produção de energia e alimentos, para a construção de ecossistemas saudáveis e para a sobrevivência da espécie humana. A água é também essencial para fazer frente às alterações climáticas, servindo como elo crucial entre a sociedade e o meio ambiente.

"A água é um direito humano. Ninguém deve ter esse acesso negado", sublinhou o secretário-geral das Nações Unidas, António Guterres ao assinalar o Dia Mundial da Água, no dia 22 de março de 2019.

As pessoas da aldeia de Woukpokpoe, da República do Benim, beneficiaram grandemente do projeto nacional Desenvolvimento Dirigido pela Comunidade Nacional (CDD) para terem acesso a água limpa e segura

A escassez deste bem universal tende a aumentar até 2050 devido à procura do setor industrial e doméstico das economias emergentes e devido ao aumento da população mundial. Existe, portanto, uma necessidade crescente de equilibrar a demanda dos recursos hídricos com a necessidade das comunidades. A água não pode ser vista isoladamente do saneamento. Juntos, são vitais para reduzir a carga global de doenças e melhorar a saúde, a educação e a produtividade económica das populações.

As Nações Unidas e a água

Mais de 30 organizações das Nações Unidas levam a cabo programas de gestão sustentável de saneamento e água. A ONU Água, criada em 2003, é a interagência responsável por coordenar os esforços de todas as organizações da ONU com os desafios relacionados com a água.

O papel da ONU Água é o de garantir a cooperação em programas relacionados com a água e o saneamento. Esta interagência apoio os Estados-membros a administrar de forma sustentável este recurso hídrico.

Desafios relacionados com a água

Embora o objetivo 6 da Agenda 2030 das Nações Unidas seja claro, a ONU dá conta que três em cada dez pessoas não têm acesso a água potável, mais de 2 mil milhões vivem em países com um elevado nível de "stress" hídrico e que cerca de 4 mil milhões de pessoas passam por uma grave escassez de água potável durante, pelo menos, um mês do ano.

Quase metade das pessoas que bebem água de fontes desprotegidas vivem na África Subsaariana sendo que, seis em cada dez pessoas não têm acesso a serviços de saneamento com segurança.

O uso da água tem vindo a aumentar em todo o mundo cerca de 1% por ano desde a década de 1980 e a tendência manter-se-á. Este crescimento é também impulsionado por uma combinação de crescimento populacional, desenvolvimento socioeconómico e devido à evolução dos padrões de consumo.

A indústria da moda produz 20% das águas residuais globais e 10% das emissões globais de carbono – mais do que todos os voos internacionais e de transporte marítimo. O tingimento têxtil é o segundo maior poluidor de água do mundo.

A agricultura (irrigação, pecuária e aquacultura) representa 69% das captações anuais de água a nível mundial, tornando-a no setor que mais consome água no planeta.

A indústria (incluindo a geração de energia) é responsável por 19% do consumo de água e as famílias por 12%. A demanda global da água potável vai sofrer um aumento na ordem dos 20 a 30% até 2050 e que, caso a degradação do ambiente e as pressões insustentáveis sobre os recursos hídricos globais continuem, em 2050, 45% do PIB mundial e 40% da produção mundial de cereais estarão em risco.

Factos sobre a água:

- 2,1 mil milhões de pessoas não têm acesso a serviços de água potável com segurança *(WHO/UNICEF 2017)*

- 4,5 mil milhões de pessoas carecem de serviços de saneamento com segurança *(WHO/ UNICEF 2017)*

- 1,5 milhões de crianças com menos de cinco anos morrem todos os anos de doenças relacionadas com a diarreia *(WHO/UNICEF 2015)*

- A escassez de água já afeta quatro em cada dez pessoas *(QUEM)*

- 90% de todos os desastres naturais estão relacionados com a água *(UNISDR)*

- 80% das águas residuais retornam ao ecossistema sem serem tratadas ou reutilizadas *(UNESCO, 2017)*

- Cerca de dois terços dos rios transfronteiriços do mundo não possuem uma estrutura de gestão cooperativa *(SIWI)*

Água e os Objetivos de Desenvolvimento Sustentável

O Objetivo de Desenvolvimento Sustentável 6 (ODS) é absolutamente claro: alcançar o acesso a saneamento e higiene adequados e justos para todos, melhorar a qualidade da água e reduzir para metade a proporção de águas residuais não tratadas reduzindo substancialmente o número de pessoas afetadas pela escassez de água. Um propósito que simboliza precisamente a mensagem da Agenda 2030: não deixar ninguém para trás.

As metas deste ODS abrangem todos os aspetos dos sistemas de ciclo da água e saneamento, e a sua conquista é projetada para contribuir para o progresso numa série de outros ODS, principalmente na esfera da saúde, educação, economia e meio ambiente.

Quem está a ser deixado para trás?

Ao desafiar o ODS 6, estão milhões de pessoas que vivem sem este recurso essencial – quer em casa, na escola, no local de trabalho, em terrenos agrícolas ou em fábricas – e que lutam para sobreviver e prosperar dia após dia.

Um grupo de crianças recolhe água de um poço de bomba no subúrbio de Abyei, no Sudão. Voluntários do norte do Sudão estão a regressar a esta zona para prestar assistência à população junto das Nações Unidas. Foto: ONU/Fred Noy

Nos grupos mais afetados pela escassez de água potável e saneamento adequados estão os grupos mais pobres ou que sofrem discriminação social tais como as minorias étnicas, as mulheres, crianças, refugiados, povos indígenas, pessoas com deficiências e outras minorias.

Alguns dos motivos de discriminação que determinados grupos enfrentam no acesso à água dizem respeito ao sexo, género, raça, etnia, religião, condição de nascimento, casta, língua, nacionalidade, incapacidade, idade, estado de saúde e situação económica e social. Fatores como a degradação ambiental, as mudanças climáticas, o crescimento demográfico, os conflitos, os fluxos migratórios e a deslocação forçada, podem também contribuir para a marginalização de grupos no acesso à água potável.

A ONU e a Água

As Nações Unidas enfrentam o desafio global de combater as consequências da escassez da água e harmonizar a procura crescente dos recursos hídricos para atender às necessidades humanas, comerciais e agrícolas.

A Conferência das Nações Unidas sobre a Água (1977), a Década Internacional do Abastecimento de Água Potável e Saneamento (1981-1990), a Conferência Internacional sobre a Água e o Meio Ambiente (1992) e a Cimeira da Terra (1992) focam-se neste recurso vital.

O secretário-geral, António Guterres, faz observações durante o evento de alto nível para lançar a Década Internacional para a Ação: "Água para o Desenvolvimento Sustentável 2018–2028". Também na foto: Mahmoud Saikal (centro), Representante Permanente da República Islâmica do Afeganistão para as Nações Unidas e Movses Abelian, secretário-geral Adjunto para Assembleia Geral e Administração da Conferência (DGACM). Foto: ONU/Manuel Elias

A Década de Ação Internacional "Água para a Vida" 2005-2015 ajudou cerca de 1,3 mil milhões de pessoas nos países em desenvolvimento a ter acesso a água potável e impulsionou o progresso no saneamento como parte do esforço para alcançar os Objetivos de Desenvolvimento do Milénio.

Entre os recentes marcos, estão a Agenda 2030 para o Desenvolvimento Sustentável, a Estratégia Sendai 2015-2030 para a Redução do Risco de Desastres, a Agenda de Ação de 2015 de Addis Abeba e o Acordo de Paris 2015 da Convenção-Quadro da ONU sobre as Alterações Climáticas.

Como fazer face ao desafio

No seguimento da resolução histórica da Assembleia Geral das Nações Unidas que, em 2010, reconheceu o acesso à água como um direito humano, é exigido aos Estados-membros que criem condições para fornecer acesso universal à água e ao saneamento, sem discriminação e priorizando os mais desfavorecidos – um dever estabelecido no ODS 6.

Para fazer face ao desafio é necessário melhorar a gestão dos recursos hídricos e fornecer, a todos, o acesso a água potável e saneamento seguros e acessíveis financeiramente são ações essenciais para erradicar a pobreza e garantir que "ninguém seja deixado para trás" no caminho rumo ao desenvolvimento sustentável.

Mais especificamente, as medidas passam por: transformar acordos políticos em regras juridicamente vinculativas; garantir a distribuição dos serviços de água e saneamento de forma equitativa; exercer as normas internacionais do trabalho elaboradas pelos constituintes (governos, empregadores e trabalhadores) e estabelecer instrumentos de *soft-law* (resoluções, comentários gerais, princípios, diretrizes e códigos de conduta) que possam influenciar o desenvolvimento do direito internacional e incentivar as organizações não-governamentais (ONGs) a promover a participação ativa do público nestas matérias – já que se verifica que se tornam cada vez mais influentes na formulação de políticas.

Um membro do contingente da Missão Multidimensional de Estabilização Integrada das Nações Unidas em Mali (MINUSMA) oferece água a uma criança. Foto: ONU/ Sylvain Liechti
Pelas palavras do secretário-geral das Nações Unidas, António Guterres, a mudança passa por "encorajar a cooperação para enfrentar a crise mundial da água e fortalecer a nossa resiliência face aos efeitos das mudanças climáticas de forma a garantir o acesso à água a todos, especialmente aos mais vulneráveis".

Água, Saneamento e Higiene

A água contaminada e a falta de saneamento básico estão a minar os esforços para acabar com a pobreza extrema e as doenças nos países mais pobres do mundo.

Atualmente existem 2,3 mil milhões de pessoas em todo o mundo, que ainda não possuem instalações de saneamento básico. Segundo o Programa Conjunto de Monitorização da OMS /UNICEF para o Abastecimento de Água e Saneamento, estima-se que pelo menos 1,8 mil milhões de pessoas em todo o mundo bebam água que não está protegida contra a contaminação das fezes.

Ismael Adam, de dois anos de idade, que vive no Campo de deslocados internos de Abu Shouk (IDP), no Sudão, recebe um recipiente de água da sua cuidadora Kariya Mohamed Abbakar, uma mulher de 50 anos. Kariya percorre longas distâncias todas as semanas para recolher água no poço mais próximo do acampamento.

Água contaminada e mortalidade infantil

Água suja e saneamento precário são uma das principais causas de mortalidade infantil. A diarreia infantil está intimamente associada ao fornecimento insuficiente de água, saneamento inadequado, água contaminada por agentes de doenças transmissíveis e práticas inadequadas de higiene. Estima-se que a diarreia cause 1,5 milhões de mortes infantis por ano, principalmente entre crianças menores de cinco anos que vivem em países em desenvolvimento.

Melhor saneamento e benefícios económicos

A relação entre a falta de acesso à água e saneamento, as metas de desenvolvimento e as soluções para a escassez deste bem são eficazes em termos de custos. Estudos mostram que cada dólar investido em saneamento tem um retorno médio de 9 dólares. Esses benefícios são sentidos especificamente por crianças pobres e nas comunidades desfavorecidas.

Uma mãe lava as mãos do seu filho com água tratada com cloro através do balde que foi fornecido à família pelo Movimento Internacional da Cruz Vermelha. Esta ação serviu para prevenir, tratar e combater a ébola Conakry, na Guiné.

O direito de regar

Um dos marcos recentes mais importantes foi o reconhecimento, em julho de 2010, pela Assembleia Geral das Nações Unidas, do direito humano à água e ao saneamento. A Assembleia reconheceu o direito de todos os seres humanos ao acesso a água suficiente para uso pessoal e doméstico (entre 50 e 100 litros de água por pessoa por dia), de forma económica (os custos da água não devem exceder 3% do rendimento familiar), e acessível (a fonte de água deve estar perto de casa e o tempo de recolha não deve exceder os 30 minutos).

Comemorando os recursos hídricos

A Década Internacional para a Ação, "Água para o Desenvolvimento Sustentável", começou no Dia Mundial da Água, a 22 de março de 2018, e terminará no Dia Mundial da Água, a 22 de março de 2028.

Todos os anos, há duas comemorações internacionais da ONU sobre água e saneamento: o Dia Mundial da Água, a 22 de março e o Dia Mundial da Sanita, a 19 de novembro. Cada um destes dias é marcado por uma campanha com o objetivo de consciencializar e informar o público sobre estas questões essenciais para a saúde pública.

A Década trata da aceleração dos esforços para enfrentar os desafios relacionados à água, inclusive o acesso limitado à água potável e ao saneamento, o aumento da pressão sobre os recursos hídricos e ecossistemas, e um risco exacerbado de secas e enchentes.

A Agenda 2030 para o Desenvolvimento Sustentável estabelece 17 desafios ambiciosos com o objetivo de serem alcançados pela comunidade global. Estes 17 Objetivos de Desenvolvimento Sustentável (ODS) incluem metas para o acesso à água potável e ao saneamento, bem como metas para enfrentar a desigualdade e a discriminação e muitos outros objetivos fundamentais para "não deixar ninguém para trás" e "alcançar o mais desfavorecido primeiro".

A escassez de água é um problema no acampamento de deslocados internos de Nifasha, no norte do Darfur. Aqui, as pessoas deslocadas internamente (IDPs) têm acesso à água durante apenas duas horas da manhã, tempo insuficiente para que todos sejam totalmente fornecidos.

(Texto retirado do site da O.N.U: https://unric.org/pt/)

Energia nuclear
A grande ameaça...

A energia nuclear é a maior ameaça criada pelo homem. As armas e centrais nucleares existentes, têm capacidade para destruir vários planetas como o nosso. Vejamos o que a O.N.U, nos tem a dizer sobre isso:

Material radioativo

O horror da Segunda Guerra Mundial, que culminou com as explosões nucleares de Hiroshima e Nagasaki, criou a necessidade de abordar e fiscalizar as armas nucleares.

Através da sua primeira resolução, a Assembleia Geral estabeleceu a Comissão de Energia Atómica da ONU para enfrentar os desafios criados com a descoberta da energia atómica. Em 1953, o discurso histórico do presidente dos Estados Unidos, Dwight D. Eisenhower, "Átomos pela Paz", levou à criação da <u>Agência Internacional de Energia Atómica</u> (AIEA) em 1957.

A cerimónia de Assinatura do Tratado sobre a Proibição de Armas Nucleares, adotado a 7 de julho de 2017 por 122 Estados.

Agência Internacional de Energia Atómica

A Agência Internacional de Energia Atómica trabalha com os seus Estados-membros e vários parceiros em todo o mundo, para promover o uso seguro e pacífico das tecnologias nucleares. A relação da AIEA com as Nações Unidas é guiada por um acordo assinado por ambas as partes em 1957. Este acordo estipula que: "A Agência compromete-se a conduzir as suas atividades de acordo com os Propósitos e Princípios da <u>Carta das Nações Unidas</u> para promover a paz e cooperação internacional, em conformidade com as políticas das Nações Unidas, promovendo o desarmamento mundial em conformidade com quaisquer acordos internacionais firmados em conformidade com tais políticas."

Energia nuclear em números

Em dezembro de 2018 estavam a ser construídas 54 novas centrais nucleares e 30 países em todo o mundo estavam a operar 454 reatores nucleares para a geração de eletricidade. Hoje, 439 reatores nucleares produzem aproximadamente 16% da eletricidade mundial.

As centrais nucleares forneceram 10,9% da produção mundial de eletricidade em 2012. Em 2014, 13 países contaram com energia nuclear para fornecer pelo menos um quarto da sua eletricidade total.

Segurança nuclear

A segurança nuclear é responsabilidade de todas as nações que utilizam tecnologia nuclear. A AIEA, através do Departamento de Segurança e Proteção Nuclear, trabalha para fornecer uma estrutura global de segurança e proteção nuclear forte, sustentável e visível para a proteção das pessoas, da sociedade e do meio ambiente. Esta estrutura prevê o desenvolvimento e a aplicação harmonizada de normas, diretrizes e requisitos de segurança e proteção, mas não tem mandato para impor a aplicação de normas de segurança dentro de um país.

Chernobyl

O acidente na fábrica de Chernobyl em 1986, na Ucrânia, foi o resultado de um projeto defeituoso do reator, operado por funcionários com formação inadequada. Durante os primeiros quatro anos após o acidente, as autoridades soviéticas decidiram lidar amplamente com as consequências da explosão sem recorrer ao apoio da comunidade internacional.

As Nações Unidas procuraram formas de dar apoio de emergência através da avaliação da segurança nuclear, das condições ambientais da área contaminada e do diagnóstico das condições médicas consequentes do acidente.

Após o acidente nuclear de Chernobyl em 1986, a cooperação internacional sobre segurança nuclear foi significativamente reforçada: foram levadas criadas convenções internacionais de segurança e dois códigos de conduta, estabelecidos princípios fundamentais de segurança e desenvolvidas e adotadas um conjunto de normas reconhecidas mundialmente pela AIEA. Os Padrões de Segurança da AIEA refletem um consenso internacional sobre o que se considera ser um alto nível de segurança com o objetivo de proteger as pessoas e o meio ambiente dos efeitos nocivos da radiação.

Fukushima

O desastre na central nuclear de Fukushima-Daiichi, no Japão, em março de 2011, foi o maior desastre nuclear desde o acidente nuclear de Chernobyl em 1986.

O desastre, causado por um terremoto de magnitude 9 no leste do Japão e um tsunami subsequente, libertou quantidades significativas de material radioativo e dezenas de milhares de pessoas foram evacuadas. O Centro de Incidentes e Emergências da AIEA foi imediatamente ativado e foi reunida uma equipa de especialistas em segurança nuclear para dar resposta à emergência. O Centro recolheu e analisou dados, fornecendo-os regularmente aos Estados-membros da AIEA, organizações internacionais, à comunicação social e ao público. Três meses depois, a AIEA organizou uma Conferência Ministerial sobre Segurança Nuclear, para preparar o Plano de Ação da AIEA sobre Segurança Nuclear.

Tratado de Não Proliferação de Armas Nucleares (TNP)

Sob o Tratado de Não-Proliferação de Armas Nucleares (TNP) de 1968, a AIEA realiza inspeções para garantir que os materiais nucleares sejam usados apenas para fins pacíficos. Antes da guerra do Iraque em 2003, os seus inspetores desempenharam um papel fundamental na descoberta e na eliminação dos programas e de armas proibidas no país.

Em 2005, a Agência e o seu Diretor Geral, Mohamed ElBaradei, receberam o Prémio Nobel da Paz "pelos esforços para evitar que a energia nuclear seja usada para fins militares e para assegurar que a energia nuclear para fins pacíficos seja usada da maneira mais segura possível".

O Secretário-Geral António Guterres carrega uma coroa de flores para colocar na Estátua do Parque da Paz de Nagasaki durante a cerimónia do Memorial da Paz de Nagasaki, em honra das vítimas da bomba atómica, agosto de 2018.

Conferência das Nações Unidas sobre o Desarmamento

- A Conferência das Nações Unidas sobre Desarmamento, o único fórum multilateral de negociação sobre desarmamento, produziu o Tratado de Proibição Completa de Testes Nucleares, adotado em 1996.

- O <u>Escritório para Assuntos de Desarmamento</u> promove o desarmamento e a não-proliferação nuclear.

- O Comité sobre os Usos Pacíficos do Espaço Exterior produziu os Princípios de 1992 sobre o uso de fontes de energia nuclear no espaço exterior.

- O Comité Científico da ONU sobre os Efeitos da Radiação Atómica relata os níveis e efeitos da exposição à radiação, fornecendo a base científica para os padrões de proteção e segurança em todo o mundo.

Terrorismo Nuclear

Abordando o perigo do terrorismo nuclear, a ONU também produziu a Convenção sobre a Proteção Física de Materiais Nucleares (Viena, 1980) e a Convenção Internacional para a Supressão de Atos de Terrorismo Nuclear (2005).

Zonas Livres de Armas Nucleares

O estabelecimento de Zonas Livres de Armas Nucleares (ZLAN) é uma abordagem regional para fortalecer as normas globais de não-proliferação e desarmamento nuclear e consolidar os esforços internacionais em prol da paz e segurança. O Artigo VII do Tratado de Não-Proliferação Nuclear (TNP) declara: "Nada neste Tratado afeta o direito de qualquer grupo de Estados de concluir tratados regionais a fim de assegurar a total ausência de armas nucleares nos seus respetivos territórios". Texto retirado: https://unric.org/pt/

Central nuclear de Almaraz
A tragédia pode acontecer hoje...

A eventual extensão da atividade da central nuclear de Almaraz, em Espanha, até 2028 - hoje pedida pelos seus acionistas - aumenta substancialmente os riscos de se vir a dar um acidente com consequências graves, nomeadamente para Portugal. O alerta é de Francisco Ferreira, da Associação Ambientalista Zero que, em declarações ao DN, defende que o governo tem de tomar uma atitude.

"O governo português diz não querer interferir com a política energética de Espanha mas, em nosso entender, deve manifestar claramente a sua posição em relação a esta extensão de prazo", diz, explicando que "a probabilidade de um acidente grave, quer contaminando o Tejo quer podendo contaminar a atmosfera da região em volta, será acrescida com uma fadiga de material para além dos 40 anos [de funcionamento], que já era exagerado".

O governo espanhol, recorda o ambientalista, "previa 2023 /2024" como o limite para as atividades daquela unidade, pelo que, a concretizar-se a intenção dos proprietários da central, "temos aqui um acrescento de mais quatro anos. Para nós, 2023 já era o limite, porque correspondia aos 40 anos de vida útil da central, o que já era para além daquilo que é recomendável. Já merecia a nossa discordância, face aos riscos que isso significa.

Por isso, para Francisco Ferreira, "estender ainda mais quatro anos é absolutamente incompreensível e esperamos que o governo espanhol, seja este ou o próximo, não venha a autorizar essa medida".

Por outro lado, diz, a anunciada intenção dos acionistas de Almaraz, veio dar razão aos alertas que as organizações ambientalistas dos dois lados da fronteira vinham fazendo:

"Só reforça os nossos receios de que o depósito temporário de resíduos, que lá está em construção, consubstanciava este [desejo de] continuar [a atividade] da central por mais tempo".
Espanha pretende libertar-se do nuclear até 2035
O compromisso de prolongamento da atividade, alcançado pelas empresas Iberdrola (52%), Endesa (36%) e Naturgy (11%) deverá ser ratificado pela assembleia-geral de acionistas que decorre nesta sexta-feira.
As empresas proprietárias de Almaraz têm até 31 de março para pedir de renovação da licença de exploração por mais 7,4 anos (2027) para o reator I da central e de 8,2 anos (2028) para o II.
Fica a faltar a aprovação das autoridades de Madrid. No entanto, segundo a agência Lusa, o acordo respeitará o estipulado no protocolo assinado há algumas semanas com a Endesa, a empresa pública responsável pela gestão dos resíduos radiativos, que prevê o encerramento de todos as centrais nucleares espanholas entre 2025 e 2035.
As cinco centrais nucleares em funcionamento em Espanha - Almaraz (Cáceres), Vandellós (Tarragona), Ascó (Tarragona), Cofrentes (Valencia) e Trillo (Guadalajara)-, que têm um total de sete reatores nucleares, cumprem 40 anos de vida útil entre 2023 (Almaraz) e 2028 (Trillo).
A central nuclear de Almaraz situa-se a cerca de 100 km de Portugal, numa das margens do rio Tejo.
Com Lusa

(Texto retirado do link a seguir indicado)
https://www.dn.pt/vida-e-futuro/donos-de-almaraz-chegam-a-acordo-para-solicitar-renovacao-de-licenca-ate-2028-10711984.html

CONCLUSÃO

Este pequeno livro pretende ser um alerta para a situação global e uma denúncia sobre o que se passa em Portugal.

Haveria muito mais a escrever e divulgar, nomeadamente, falar da tragédia do Iémen provocada pela guerra imposta àquele pequeno país pelos criminosos sauditas, apoiados pelos E.U.A.

Alerto para a migração e a situação dramática dos refugiados.

A seguir, vou criar um título de "Links Obrigatórios", espero que ao visitá-los possa colaborar e ter consciência da situação global.

Lute pelos seus direitos, denuncie situações injustas e criminosas.

Links Obrigatórios

https://unric.org/pt/refugiados/
https://unric.org/pt/eliminar-a-pobreza/

https://unric.org/pt/objetivo-2-erradicar-a-fome/

https://donativos.unicef.pt/crise-criancas-do-iemen/

https://obrasilianista.com.br/2020/07/04/geopolitica-regional-chinesa-vizinhos-e-a-questao-do-tibete/

https://www.natureza-portugal.org/o_nosso_planeta/alteracoes_climaticas/

https://apambiente.pt/index.php?ref=16&subref=81&sub2ref=122

https://www.dw.com/pt-002/as-consequ%C3%AAncias-da-covid-19-para-a-economia-mundial/a-53021449

https://www.natureza-portugal.org/conteudos2/noticias/

https://visao.sapo.pt/atualidade/economia/2020-07-11-os-super-ricos-que-ganharam-ainda-mais-com-a-crise/

https://expresso.pt/coronavirus/2020-07-12-Covid-19.-Cientista-chinesa-acusa-China-e-OMS-de-ocultarem-perigosidade-do-virus

https://www.esquerda.net/artigo/como-desigualdade-alimenta-mortes-por-covid-19/69015

Email do autor: baraocampos@gmail.com

13 de julho de 2020

Índice